Indisch
Vegetarisch

SUSHILA ISSAR · MRINAL KOPECKY

Wir möchten all denen danken, die uns bei der Verwirklichung dieses Buches geholfen haben, ganz besonders Peter und Nina, die eine große Hilfe für uns waren.

Abbildung Seite 1: Ganesha gehört zu den populärsten Hindu-Göttern. Er ist der Gott der Weisheit, ein Gelehrter und guter Schreiber. Er beseitigt Hindernisse jeder Art und wird deshalb bei jeder Unternehmung angerufen, besonders beim Schreiben eines Buches! Sein Bäuchlein ist auf seine Empfänglichkeit für Opfergaben, besonders Süßigkeiten, zurückzuführen.

7. Auflage der aktualisierten Ausgabe 2010
ISBN 978-3-7750-0352-0
© Walter Hädecke Verlag,
D-71263 Weil der Stadt, 2001/2002/2004/2006.

Alle Rechte vorbehalten, insbesondere die der Übersetzung, der Übertragung durch Bild- und Tonträger, der Speicherung in Datensystemen, der Verbreitung durch elektronische Medien, der Fotokopie oder Reproduktion durch andere Vervielfältigungssysteme und des Vortrags. Nachdruck, auch auszugsweise, nur mit Genehmigung des Verlages.

Abkürzungen:
EL = Eßlöffel
TL = Teelöffel
ml = Milliliter
l = Liter
g = Gramm
Msp = Messerspitze

Lektorat und Bearbeitung:
Mo Graff, Weil der Stadt.
Fotos Land und Menschen: Archiv Kopecky, Ditzingen.
Fotos Seite 6/7, 10, 11, 16, 27, 40, 41, 46, 47, 55, 56, 60, 61, 102, 106: Chris Meier, BFF, Fotostudio, Stuttgart.
Fotos Seite 23, 30, 31, 34, 44, 54, 67, 72, 73, 75, 83, 84, 85, 86: TS-Studio Gerhard Tröster und Andreas Schmett, Tamm.
Fotos Seite 29, 93, 103:
Archiv Mo Graff, Weil der Stadt.
Foto Seite 17: Fotostudio Feiler, Karlsruhe.
Foto Seite 51: Edith Gerlach, Frankfurt/Main.
Titelentwurf und Konzeption:
JAM, Büro für ART DESIGN, München.
Layout: ES Typo-Graphic, Ellen Steglich, Stuttgart.
Printed in EU 2010.

Abbildung Seite 3: Hausboote in Shrinagar, Kaschmir

INHALT

Vorwort   5

Der Duft Indiens – Gewürze und Kräuter   6

Der Vorratsschrank – besondere Zutaten   14

Aller Anfang ist leicht – Grundrezepte   20

Kleine Gerichte – Suppen, Snacks und Salate   24

Vom Feld und aus dem Garten – Gemüse und Hülsenfrüchte   42

Das tägliche Brot – Brotvariationen und Reisgerichte   68

Pikante Beilagen – Chutneys und Pickles   90

Ein Hauch von Kardamom – Desserts und Konfekt   96

Von morgens bis abends – Tee und Getränke   108

Imbiss und Snacks   116

Menüvorschläge   117

Rezeptverzeichnis   118

Bezugsquellen   121

Stichwörter   124

VORWORT

Wir sind immer wieder darauf angesprochen worden, wie man als Vegetarier leben könne, da vegetarische Kost doch so einseitig und langweilig sei. Für uns sind diese Fragen unverständlich, da wir beide aus Indien stammen, einem Land, in dem die vegetarische Küche seit mehreren tausend Jahren ihren festen Platz in der Ernährung hat. Dies hat mehrere Gründe. Die Religion der Hindus beinhaltet den Glauben an die Reinkarnation. Nach dieser Anschauung können die Seele und der Geist eines Menschen in dem Körper eines Tieres wiedergeboren werden. Deshalb lehnen es viele Hindus ab, Lebewesen zu töten. Hinzu kommt, dass für einen Großteil der Bevölkerung aus ökonomischen Gründen Fleisch oder Geflügel unerschwinglich sind.

Im Laufe dieser langen Zeit hat sich die vegetarische Küche so vervollkommnet, dass sie sich im Wettbewerb mit anderen nationalen Küchen zu Weltniveau entwickelt hat – die Indische Küche zählt zu den sogenannten »Weltküchen«. Der Erfolg der vegetarischen Küche beruht auf der Ausgewogenheit in der Zusammenstellung von Getreiden, Gemüsen, Hülsenfrüchten, Obst, Nüssen und Milchprodukten. Die überraschende Geschmacksvielfalt wird durch die Verwendung sehr unterschiedlicher Gewürze und Gewürzmischungen – den Masalas – erreicht. So ist es für uns problemlos, tagtäglich einen abwechslungsreichen und ausgewogenen Speiseplan zu erstellen.

Moderne Menschen wenden sich aus verschiedenen Gründen immer mehr der vegetarischen Lebensweise zu. Deshalb möchten wir mit unserem Buch Kochrezepte übermitteln, die Ihnen helfen, Ihre Mahlzeiten wohlschmeckend und variantenreich zuzubereiten. Wir haben uns bemüht, die Rezepte einfach und unkompliziert zu gestalten. Viele der Rezepte können ohne Probleme in den täglichen Speiseplan einfließen: die übersichtliche »Schritt-für-Schritt-Beschreibung« macht es Ihnen leicht, die Rezepte nachzukochen. Die Gewürze können variiert werden, im Handel sind die meisten erhältlich – sollte dennoch einmal etwas fehlen, können Sie am Ende des Buches Bezugsquellen finden.

So bleibt uns nur noch, Ihnen einen guten Appetit – khana rajke khaije – zu wünschen.

Sushila Issar und Mrinal Kopecky

DER DUFT INDIENS – GEWÜRZE UND KRÄUTER

Der asiatische Raum ist die Heimat der meisten Gewürze – Indien liegt im kulinarischen Zentrum dieses Gebietes. Zu den heimischen Gewürzen und Kräutern wie Ajowan, Asafoetida oder Curryblättern – um nur einige zu nennen – gesellten sich im Laufe der Jahrhunderte dank der Karawanenstraßen und Seewege u. a. Gewürznelken von den Molukken, Kreuzkümmel aus dem Niltal und die Chilischoten aus der »Neuen Welt«, ohne die die Indische Küche heute undenkbar wäre.

Wer denkt nicht bei Indien an Curry, jenes braune Pulver, welches der deutschen Küche einen Hauch von Exotik verleihen soll? Dieses »Gewürz« ist in der indischen Küche unbekannt –, denn es ist eine Erfindung der Europäer, die diese Gewürzmischung zu ihren Soßen verwendet haben. Das Wort »Curry« ist die Anglisierung des südindischen Wortes »*Karie*«, welches Soße bedeutet. In der indischen Küche ist die Grundlage eines Gerichtes eine Gewürzmischung, die speziell für diese Speise hergestellt wird und *Masala* heißt.

Die indische Hausfrau kauft ihre Masalas nicht, sondern bereitet sie selbst zu. Die individuellen Gewürzmischungen können entweder geröstet oder mit Kräutern zu Pasten vermengt werden. Getrocknete Gewürze bewahrt man getrennt, vor Licht und Luft geschützt auf, besonders geeignet sind kleine Schraubdeckelgläser. In der Regel halten sich Gewürze bis zu einem halben Jahr. Unzerkleinerte Gewürze bewahren ihr Aroma länger als gemahlene, müssen aber teilweise vor Gebrauch im Mörser pulverisiert werden. Frische Kräuter, Chilischoten und Ingwerwurzel halten sich im Gemüsefach des Kühlschranks etwa eine Woche, können aber auch geputzt und zerkleinert eingefroren werden.

Alle von uns verwendeten Zutaten sind in der Schweiz und in Deutschland erhältlich. Sie bekommen sie z. B. in Lebensmittelabteilungen der Kaufhäuser, gut sortierten Supermärkten, Feinkostgeschäften, Reformhäusern und in indischen Lebensmittelläden, die zunehmend in den Großstädten zu finden sind. Hier lebende Inder werden Ihnen sicherlich gerne Auskunft geben, wo Sie Ihre Zutaten einkaufen können. Am Ende des Buches finden Sie Adressen von Geschäften und Versendern (Informationen ab Seite 121).

Ajowan – Ajwain – Carom

Die Pflanze, die wie Kümmel, Kreuzkümmel und Dill zur Familie der Doldengewächse zählt, wird in Indien, Afghanistan und Ägypten angebaut. Verwendet werden die Samen, die aussehen wie Selleriesamen, aber stark nach Thymian schmecken. Die indische Küche kennt viele Gewürze, die auch Heilzwecken dienen, oft ist es eine Kombination aus beidem. So decken zum Beispiel viele Inder ihren Eiweißbedarf durch Hülsenfrüchte und benutzen zur Zubereitung Gewürze wie Ajowan, das bei Blähungen hilfreich ist.

Asafoetida – Teufelsdreck – Hing – Asant

Dieses Gewürz ist ein wichtiger Bestandteil der indischen Küche, obwohl es ursprünglich hier nicht heimisch war. Die Pflanzen können etwa 2 bis 4 m hoch werden. Eine Ferula assa-foetida, eine Art Riesenfenchel, ist eine übelriechende, mehrjährige Pflanze, aus deren Wurzelstöcken, die einen milchigen Saft enthalten, das gummiähnliche Harz gewonnen wird. Das Gewürz ist in kleinen Stücken oder zu Pulver gemahlen im Handel; der Geschmack ist bitter und beißend. Wird es jedoch in Fett kurz angebraten, entwickelt es einen Geruch nach Zwiebeln. Asafoetida ist ein Geschmacksverstärker, rundet die Speisen ab und hilft gegen Blähungen; sollte nur sparsam verwendet werden.

Bockshornklee – Methi – Fenugreek

Von dieser Pflanze werden die grünen Blätter und der nach Sellerie, leicht bitter schmeckende Samen verwendet (auch als Pulver erhältlich). Bockshornkleepulver ist oft Bestandteil von Masalas (Currymischungen). Bockshornklee stammt aus dem östlichen Mittelmeerraum und wurde auch in Europa (außer Nordeuropa) eingeführt.
Indische Hausfrauen bereiten Gemüse oder Kartoffelgerichte mit den Blättern zu, auch als Salatzutat werden sie geschätzt.

Ceylonzimt – Kaneel – Dalchini
Die Pflanze stammt aus Sri Lanka, sie zählt zu den Lorbeergewächsen. Der immergrüne Zimtbaum, der einen sandigen Boden bevorzugt, liefert die Zimtrinde, das ist die innere, getrocknete Rinde des Baums. Um an diese zu kommen, wird zunächst in der Regenzeit die minderwertige äußere Rinde abgeschält. Zimtrinde schmeckt delikater als Kassia, ist aber teurer. Zimt ist seit Urzeiten auch in der Heilkunde bekannt.

Chili – Mirchi
Kein würziges indisches Gericht ohne Chilischoten oder Chilipulver! Man könnte meinen, dies sei ein »urtypisch indisches« Gewürz. Doch dem ist nicht so: vor etwa 500 Jahren brachten spanische Seefahrer von ihren Reisen in die »Neue Welt« diese scharfen Schoten (eigentlich Beeren) nach Europa; im Zuge weiterer Seefahrten kamen sie im Gepäck der Portugiesen auch nach Indien. Eine indische Hausfrau verwendet zum Kochen: *Hari Mirch*, die grünen Schoten (bot. Capsicum annuum var. annuum); diese werden frisch verarbeitet und können sowohl scharf als auch mild sein und *Lal Mirch*, die getrockneten roten Schoten (Capsicum frutescens), die auch zu Chilipulver vermahlen werden. Sie sind eine der wichtigsten Grundzutaten. Die Schärfe läßt sich durch Milchprodukte wie Joghurt mildern.

Chinesischer Zimt – Kassia – Dalchini
Der Name *Dalchini* bedeutet in Hindi –Zimt aber es bedeutet auch »Holz aus China«, denn China zählte schon sehr früh zu den bedeutenden Gewürzländern. Die Kassia stammt aus Burma, China, Laos und Vietnam und ist eines der ältesten Gewürze überhaupt. Kassia wird aus der Rinde eines immergrünen Baumes gewonnen, der zu den Lorbeergewächsen zählt. Das raue Äußere der Rinde wird abgekratzt und die Rinde wird an der Sonne getrocknet. Im Handel gibt es Kassiablüten, Kassiarinde und Pulver – luftdicht aufbewahren. Verwendung wie Zimt, jedoch ist Zimt geschmackvoller.

Curryblätter – Kadhi Patta – Mitha Neem
Curryblätter stammen von hohen Sträuchern, die in Südostasien zuhause sind. Junge Pflanzen stehen in Südindien in Blumentöpfen am Küchenfenster wie in Nordindien die Minze. Die grünen frischen Blätter schmecken würzig und duften angenehm nach Curry, sie sind den getrockneten vorzuziehen. Sie eignen sich zum Würzen von Gemüse, Brot, Chutney und Hülsenfrüchten, Bratöl kann damit aromatisiert werden.

Fenchelsamen – Sonf – Saunf
Vom Gewürzfenchel, einem Doldengewächs, das ursprünglich im Mittelmeerraum beheimatet ist, werden die gelbbraunen Samen Gemüsegerichten beigefügt; häufiger jedoch werden sie zur Atemfrische oder zur besseren Verdauung benutzt.

Garam Masala
Die Übersetzung aus dem Hindi lautet: Garam – warm und Masala – Mischung = wärmende Gewürzmischung. Diese Mischung von bis zu 15 unterschiedlichen Gewürzen ist in Nordindien zuhause – Rezepte Seite 22.

Goda Masala
Die Würzmischung aus der Gegend um Bombay (heute Mumbai) wird mit sieben verschiedenen Gewürzen, Sesam- und Mohnsamen sowie getrockneten Kokosraspel zubereitet, die teilweise angebraten oder ohne Fett geröstet werden. Die abgekühlte Mischung wird gemahlen – das Pulver ist schwarz und schmeckt aromatisch nach Röststoffen. Goda Masala ist fertig gemischt in Spezialgeschäften erhältlich. Eine sehr ähnliche Gewürzmischung ist das »Black Masala«, dessen Rezept auf Seite 22 steht.

Von links: Muskatnuß, Macis, im Löffel Tandoori Masala, darüber Goda Masala, oben Sternanis, graue Schale: Tamarinde, weiße Schüssel: Kurkuma, Löffel rechts daneben: Kardamom, Napf oben: Sesam, Napf unten: Kreuzkümmel, Metallschale oben: Garam Masala, Metallschale unten: Bockshornklee, in der Mitte: schwarzer Senf und Chilischoten

Indischer Zimt – Lorbeerblätter – Tej Patta

Lorbeerblätter sind die Blätter des Indischen Zimtbaumes, der botanisch zu den Lorbeergewächsen zählt. Der europäische Lorbeer ist mit ihm verwandt. Seine Blätter entsprechen geschmacklich in etwa den indischen und können stattdessen genommen werden. Besonders in Nordindien finden die Blätter Verwendung.

Ingwer – Adrak

Die mehrjährige Pflanze wird nur einjährig kultiviert. Ihr etwa 50 cm langer, knollig verzweigter Wurzelstock wird frisch in Stückchen verkauft. Der Geschmack ist süßlich-mild bis brennend-scharf. Frischer Ingwer schmeckt delikater als getrockneter – *Sonth* – oder Ingwerpulver (duftet schnell aus). Ingwer ist Bestandteil der Garam Masala-Gewürzmischung.

Kardamom – Elaichi

Kardamom gehört zu den Ingwergewächsen; er gedeiht an der Malabarküste (Kerala). Die Pflanze wird auch kultiviert. Kurz vor der Reife werden die ovalen Fruchtkapseln gepflückt, die an kurzen Blütenstengeln wachsen. Diese werden an der Sonne getrocknet. Die eingeschlossenen Samen behalten ihr frisches, nach Zitrone und Kampfer schmeckendes Aroma bis sie zerstoßen werden. Den besten Geschmack haben zartgrüne Kapseln; weiße Kapseln sind gebleicht. Außerdem gibt es braune, leicht behaarte Kapseln, Ceylon- (heute Sri Lanka) Kardamom genannt, der botanisch von einer anderen Pflanze stammt (Elettaria major) und von minderwertiger Qualität ist.

Knoblauch – Lasan – Lahsun

Der Knoblauch zählt zu den ältesten Kulturpflanzen, seine Heimat liegt wahrscheinlich im asiatischen Raum, auch in Indien. Schon vor Jahrtausenden war seine Heilwirkung wichtiger Bestandteil der Volksheilkunde. Von der winterharten Zwiebel aus der Familie der Lauchgewächse (Alliaceae) – gibt es viele regionale Sorten. Die Knoblauchzwiebel besteht aus bis zu 12 Zehen, die weiß, rosa oder violettrötlich gefärbt sein können.

Von links: Lorbeerblätter, darunter getrocknete Curryblätter, in der Mitte: Minze, Zimtstangen, rechts frische Ingwerwurzel, Knoblauch

Koriander – Cilantro – Dhania

Der Koriander gehört zu den ältesten Gewürz- und Heilpflanzen der Menschen, sein Ursprung ist in Nordafrika, Vorder- und Westasien zu suchen. Von der robusten, einjährigen Pflanze werden sowohl die frischen grünen Blättchen – *Hara Dhania* (sehr eigenwillig im Geschmack, aber eine unerläßliche Zutat der indischen Küche) – als auch die etwa pfefferkorngroßen, runden Spaltfrüchte, die sich aus den Blütendolden entwickeln, verwendet. Nach einer gewissen Lagerzeit entwickeln diese einen süßlich-bitter-aromatischen Duft. Gemahlener Koriander sollte dunkel und trocken aufbewahrt werden. Frischer Koriander oxidiert in Verbindung mit Metall; deshalb Glas- oder Porzellangefäße und Holz- oder Hornlöffel nehmen.

Kreuzkümmel – Cumin – Jeera

Die einjährige Pflanze aus der Familie der Doldengewächse stammt aus dem Niltal und war schon zu biblischen Zeiten bekannt. In Indien werden die ganzen Samen verwendet, auch zu Heilzwecken dient der Kreuzkümmel. Gemahlen ist das Pulver nur kurze Zeit haltbar, da es schnell seine Aromastoffe verliert.

Kreuzkümmel schwarz – Shah Jeera – Jeera Kala

Diese Kümmelsamen sind eine Varietät des Kreuzkümmels (Cuminum cyminum) mit kleinen dunklen Samen, die nicht mit dem Schwarzkümmel (Nigella sativa, Seite 13) verwechselt werden dürfen.

Kurkuma – Haldi – Gelbwurz

Die Gelbwurz, eine bis zu einem Meter hohe Staude, liefert uns mit ihren verzweigten Rhizomen das gelbe bis orangefarbene Kurkuma. Es ist eines der traditionsreichsten Gewürze in Indien und das »Herz« jeder Masala-(Curry-)Mischung. Der Geschmack ist ingwerähnlich und schwach bitter. Kurkuma verstärkt den Eigengeschmack der anderen Zutaten und rundet sie ab.

Minze – Podina – Pudina

Die Gattung Mentha umfasst etwa 40 verschiedene Arten und Unterarten mit sehr unterschiedlichem Duft und Geschmack. In Indien wurde die Minze vermutlich von den moslemischen Herrschern, die den Norden des Landes regierten, eingeführt. Frische Minze aromatisiert Getränke, Chutneys und Relishes; sie paßt in Eiscreme, Soßen und Curries.

Mohnsamen – Khas Khas – Khus Khus
Mohn wächst in vielen Ländern der Erde, Indien ist einer der Haupterzeuger. Die hellroten Mohnblüten entwickeln nach der Blüte eine ovale Samenkapsel, die viele tausend kleine cremefarbene Samen enthält – in Europa wird brauner oder schwarzer Mohnsamen geerntet. Mohnsamen dient in der indischen Küche als Gewürz auf Broten, als Zutat zu Curries, zu Süßigkeiten und gemahlen zum Andicken von Speisen.

Muskatnuß – Jaiphal – Javatri
Die Heimat des Muskatnußbaums vermutet man auf den Molukken, Seefahrer brachten sie bis in die Karibik und auch nach Indien. Die immergrünen Bäume tragen zum ersten Mal nach acht bis zehn Jahren. Sind die Früchte reif, platzen sie zur Hälfte auf und unter der gelben Schale erscheint ein weißes Fruchtfleisch mit dem leuchtend roten Samenmantel. Dieses wird vorsichtig ausgelöst und man hält einen schwarzbraunen Samen, von einem roten Mantel umhüllt, in der Hand – dieses rote Geflecht wird Muskatblüte oder **Macis** genannt. Diese wird über mehrere Monate getrocknet, dabei verändert sich die Farbe, aus rot wird gelb-orange. Im schwarzbraunen Samen befindet sich die eigentliche Muskatnuß, sie ist dunkelbraun, innen etwas heller und schmeckt bitter-süß und sehr ausgeprägt. Es ist besser, Muskatnuß immer frisch mit einer speziellen Reibe zu pulverisieren, gemahlenes Muskat duftet schnell aus.

Muskatblüte – Javatri
Beschreibung siehe oben; Muskatblüte ist wesentlich teurer als Muskatnuß, da viel Handarbeit zur Gewinnung nötig ist; der Geschmack ist feiner und ausgeprägter.

Nelken – Laung
Gewürznelken zählen zu den ältesten und bekanntesten Gewürzen; in der chinesischen Literatur werden sie schon vor der Zeitenwende erwähnt. In Indien wurden die immergrünen Nelkenbäume, die ursprünglich von den Molukken (Indonesien) stammen, erst um 1800 angesiedelt. Nelken sind die im Schatten getrockneten noch ungeöffneten Blütenknospen. Durch das Trocknen werden sie holzig und dunkelbraun. Besonders gut in Süßspeisen und Reisgerichten, sparsam verwenden.

Pfeffer – Kali Mirch
Die Pfeffer-Kletterpflanze – in Südindien gedeihen über 20 Arten – mit den dunkelgrünen Blättern stammt aus den Monsunwäldern Asiens. Aus den Blüten bilden sich die langen traubenartig mit Pfefferfrüchten besetzten Stiele. Die Beerenfrüchte sind zunächst grün, später orange-rot. Nach der Ernte werden die Beeren getrocknet und nehmen eine schwarze Farbe an. Weiße Pfefferkörner sind reife rote Pfefferbeeren, die zunächst in Wasser eingeweicht, dann von dem Außenhäutchen befreit werden und anschließend getrocknet werden. Weißer Pfeffer ist im Geschmack etwas milder als schwarzer Pfeffer; in jedem Fall sollte Pfeffer immer frisch gemahlen einem Gericht zugefügt werden – gemahlener Pfeffer verliert sehr schnell seine Würzkraft.

Safran – Keshar
Safran ist ein sehr teures Gewürz, das in Indien nur wenig verwendet wird. Der Krokus wird vor allem in den Mittelmeerländern kultiviert, aber auch in Kaschmir findet man ihn. Um 1 kg Safran zu erhalten braucht man 5 kg Blütennarben und dafür müssen bis zu 150 000 Krokusblüten gepflückt werden. Safran ist in Fäden oder in Pulverform erhältlich, sein Geschmack ist hocharomatisch, sein Duft bittersüß – durch Kurkuma nicht zu ersetzen!

Schwarzkümmel – Kalonji
Beim Schwarzkümmel handelt es sich botanisch um die Art Nigella sativa. Schwarzkümmelfelder sehen aus wie in Europa ein Beet mit der »Jungfer im Grünen«. Die länglichen schwarzen Samen schmecken nussig und leicht bitter. Brote und Salate werden damit gewürzt, die Heilkunde kennt etliche Verwendungen.

Senf – Rai
Es gibt drei verschiedene Senfpflanzen, die einjährig sind und leuchtend gelbe Blüten zeigen. Senf wird in Samenform als brauner (Brassica juncea) und schwarzer Senf (Brassica nigra) und als weißer Senf (Sinapis alba) angeboten. Die indische Küche verwendet vor allem den schwarzen und braunen Senf. Senfkörner sind fast geruchlos, aber beim Anbraten oder Kochen entfalten sie ein scharfes Aroma.

Sesam – Til
Die einjährige krautige Pflanze Sesamum indicum ist in Indien heimisch. Die cremefarbenen kleinen Samen (in China wird meist schwarzer Sesam verwendet) halten länger, wenn man sie kurz ohne Fett anröstet. Sie schmecken nach Nüssen. Gebäck mit Sesam wird in Indien zu vielen Festtagen angeboten. Sesamöl hat einen sehr eigenwilligen Geschmack und ist nur begrenzt, kühl gelagert, haltbar. Es wird außer in der Küche auch für Kosmetika genommen.

Steinsalz – Kala Namak – Saindhav
Dieses Salz, das eine grau-braune Farbe hat, wird in Zentralindien abgebaut. Die Salzkristalle haben unterschiedliche Farben; gemahlen schmeckt das Pulver salzig und riecht etwas nach Soleiern. Steinsalz gibt es in Kristallform oder gemahlen. Wenn es in Nordindien besonders heiß ist, reicht man Limonade, gewürzt mit Steinsalz, Rezept Seite 113.

Sternanis – Anasphal
Der Sternanis kam über die alten Handelsstraßen von China nach Indien. Der Baum wächst im tropischen und subtropischen China und in Vietnam. Die Früchte werden getrocknet bevor sie ausgereift sind. Obwohl sie nicht mit dem Anis verwandt sind, erinnert ihr Geschmack an diesen, ist aber schärfer und etwas bitter. Zutat in Garam Masala, Reisgerichten und Curries.

Tamarinde – Imli
Ihre Heimat liegt im tropischen Ostafrika, aber der Tamarindenbaum fand schon früh den Weg nach Indien – in Deutschland wird die Hülsenfrucht auch »Indische Dattel« genannt. Unter der brüchigen zimtfarbenen Schale der Samenhülsen befindet sich ein fasriges, musiges und klebriges Fruchtmark, in das etliche Kerne eingebettet sind. Das Fruchtmark schmeckt stark süß-säuerlich und enthält u. a. viel Pektin. Tamarinde ist in der Flasche als Konzentrat oder als gepresste Tafel erhältlich. Um Tamarindensaft bzw. Mark zu erhalten, wird die Tafel in warmem Wasser eingeweicht und wenn sie mürbe wird, durch ein Sieb passiert. Zum Würzen von Chutneys, Curries und Linsengerichten, zum Festigen von Marmeladen.

Tandoori Masala
Die Kornkammer Indiens ist der Pandschab. Dort wird im *Tandoori*-Ofen – das ist ein Lehmofen, der halb in die Erde gebaut ist, und in dem ein Holzkohlenfeuer den Ofenboden glühend erhitzt – Fisch, Geflügel und Fleisch, auch Käse auf Spießen gegart. Zuvor werden aber die Zutaten in der Tandoori Masala – Gewürzmischung mariniert. Diese besteht aus: Koriander, Kreuzkümmel, Gewürznelken, Zimtstange, Muskatblüte, gemahlenem Kurkuma, Chili-, Knoblauch- und Ingwerpulver, getrocknetem Mangopulver und roter Speisefarbe. Gelegentlich wird noch Salz beigemischt.

DER VORRATS-SCHRANK

In einem traditionellen indischen Haushalt erfolgt die Bevorratung der Grundnahrungsmittel wie Zucker, Mehl, Reis, Grieß, Hülsenfrüchte u. a. in großen Metallbehältern. Die gekauften Lebensmittel werden von der Hausfrau auf Verunreinigungen kontrolliert, verlesen, eventuell an der Sonne nachgetrocknet, bevor sie in den Behältern luftdicht verschlossen aufbewahrt werden. Ghee, die Butter aus Büffelmilch wird durch Klären haltbar gemacht und wird in Tontöpfen ohne Kühlung aufbewahrt. Joghurt wird täglich frisch angesetzt. Kokosnüsse und verderbliche Lebensmittel werden nach Bedarf frisch gekauft.

Von links: verschiedene Papads, daneben Vermicelli; oben rechts Jaggery; darunter im Schälchen Sago, darunter Kichererbsenmehl; im Löffel Weizengrieß, daneben Chapati-Mehl; im großen Holzlöffel Reisflocken, daneben Sago-Papads

Achaar – Pickles
Pickles werden in kleinen Mengen als Beilage gegessen. Die Grundzutaten für Pickles sind: Gewürze wie Senfsamen, Bockshornklee, Kurkumapulver, Koriander, gehackte Chilis und Salz sowie verschiedene Früchte der Saison wie Mangos, Zitronen, Limetten oder Gemüse wie Auberginen, Blumenkohl und Karotten und Öl. Pickles können mild oder sehr scharf sein – je nach Chilimenge.

Atta – Mehl
In Indien gibt es immer noch viele Menschen, die das Getreide selbst lesen und dann zur Mühle bringen. In Europa ist die Mehlbestimmung nicht ganz einfach. Im Handel kommt für die Brotrezepte der Mehltyp 1050 oder 405 mit Vollkornmehl im Verhältnis von 50 : 50 in Frage. Kaufen Sie das Mehl in einer Mühle, so können Sie Weizenmehl Typ 1600 oder 1700 – dunkel und fein – verwenden. Weizenmehl Typ 1700 kann auch 10 % Weizenkleie beinhalten. Es gibt Roti-Atta-Mehl zu kaufen.

Vorhergehende Doppelseite: Mahatma Phule Markt in Pune (Poona)

Basmatireis
Basmatireis wächst in Nordindien und am Fuße des Himalajas, oft wird er als der König aller Reissorten bezeichnet. Seine Körner sind lang und weiß, poliert und haben einen frischen, zarten Duft. Um eine vollwertige Mahlzeit zu haben, muß man ihn jedoch mit Gemüse oder Hülsenfrüchten ergänzen.

Blockzucker – Rohr- und Palmzucker – Jaggery
Brauner, ungereinigter Zucker aus Zuckerrohr- oder Palmsaft, dem durch Einkochen die Flüssigkeit entzogen wurde. Rohrzucker schmeckt anders als Palmzucker, kann aber als Ersatz dienen.

Butterschmalz – geklärte Butter – Ghee
Ghee wird in Indien aus Kuh- oder Büffelmilch hergestellt, er entspricht der bei uns bekannten geklärten Butter. Ghee aus Büffelmilch, die fetter als Kuhmilch ist, hat einen feineren Geschmack. In jedem indischen Haushalt findet man einen Vorrat an Ghee; es gibt ihn auch in indischen Geschäften zu kaufen, er hält etliche Monate.

Vorne: Pudina Ka Raita – Minzesalat mit Joghurt, Rezept Seite 38; dahinter und rechts fertig gekauftes Chutney und Pickles

Indischer Käse – Paneer – Panir
Unter Zusatz von Säuerungsmittel geronnene Milch – Rezept Seite 23. Wird vor allem in der nordindischen Küche verwendet; hat dort den Stellenwert von Tofu. Paneerwürfel können im Teigmantel ausgebacken, mit Gemüse vermischt oder in Tomatensoße serviert werden.

Joghurt – Dahi – Curd
In Indien wird ungewürzter Naturjoghurt verwendet; in Europa eignet sich griechischer Joghurt besonders gut zu den Rezepten.

Kichererbsenmehl – Besan
In Indien gibt es große Mühlen, die Kichererbsen zu Mehl verarbeiten, genug, um den Bedarf im Land zu decken und den Export zu bedienen. Besan schmeckt etwas nach Nüssen und ist vielseitig verwendbar: zum Ausbacken von Gemüse-Beignets (*Bhajias* oder *Pakoras*), zum Binden von Soßen, für Süßspeisen. Besan gibt es abgepackt zu kaufen; möchte man es länger aufheben, empfiehlt es sich, das Mehl anzurösten.

Kokosnuß – Nariyal
Kokosnüsse wachsen an tropischen Küsten und stammen vermutlich aus Polynesien. Nachdem sie von der äußeren gelben Hülle und den Fasern befreit sind, erscheint die braune, harte Nuß. Beim Einkauf darauf achten, daß die Augen hell sind und beim Schütteln ein Geräusch zu hören ist. Eine Nuß von 500 g ergibt ca. 250 g Fruchtfleisch. Öffnen: Mit einem Nagel oder Schraubenzieher zwei der drei »Augen« einstechen, das Kokoswasser auffangen. Mehrmals mit einem Hammer auf die Nuß schlagen (oder auseinandersägen), bis sie aufbricht. Oder die Nuß bei 200 °C ca. 10 Minuten in den Backofen legen, bis die Schale aufbricht.
Kokosfleisch auslösen: Kokosnußstücke oder halbierte Nuß für einige Zeit in den warmen Backofen legen; die harte Schale löst sich vom Fruchtfleisch ab. Mit dem Kartoffelschäler oder einem scharfen Messer die braune Außenhaut abschälen. Läßt man die Stücke über Nacht stehen, geht das leichter. Kokoswasser, das ist die sterile Flüssigkeit, die sich im Inneren der Nuß befindet. Es schmeckt mild und nicht süß. Trocknet es ein, verdirbt die Nuß.

Kokosnußhandel in Bangalore, Karnataka

Kokosmilch – das ist der Auszug aus frischem oder getrocknetem, manchmal geraspeltem Kokosfleisch; es gibt mehrere Arten, sie zu extrahieren: Kokosnußstücke mit oder ohne braune Haut in einen Mixer geben, etwa 1/8 Liter heißes aber nicht kochendes Wasser zugießen. Masse bei höchster Umdrehungszahl 1 Minute mixen. Dann den Deckel abnehmen, Kokosmasse mit einem Gummischaber nach unten schaben. Nochmals heißes Wasser (3/8 Liter) nach und nach in dünnem Strahl zugießen und ohne Deckel eine weitere Minute mixen. Mixbecher wieder zudecken und solange weitermixen, bis ein glatter Brei entstanden ist. Wird diese Prozedur unter Zugabe von 1/2 l heißem Wasser wiederholt, handelt es sich um die »dünne« Milch, die in manchen Rezepten Verwendung findet.

Trockene Kokosraspel (Packung mit 250 g Inhalt) mit 500 ml heißem Wasser/Milch übergießen; 50 Minuten stehen lassen, durch ein Musselintuch pressen. Ungesüßte Kokoscreme aus der Dose im Verhältnis 50 : 50 mischen.

Im Handel gibt es zahlreiche Kokoswasser/-milch – Produkte sowie Kokosmilch-Pulver.

Palmzucker – Goor – Gur

Die Zuckerpalme (Arenga pinnata) wird in Dorfhainen und Gärten Indiens angebaut. Nach etwa 10 Jahren erscheinen männliche Blütenstände, die abgeschnitten werden. Aus der Schnittfläche treten (bei mehrmaligem Anschneiden) über einen längeren Zeitraum täglich etwa 2 bis 7 l Palmsaft aus. Liefert der höher stehende Blütenstand keinen Saft mehr, wird der darunter stehende angezapft. Ist der letzte Blütenstand, der sich direkt über dem Erdboden befindet, ausgebeutet, beginnt die Pflanze unter Fruchtbildung abzusterben. Bis zu 2000 Liter Palmsaft liefert eine Palme, der entweder zu Palmwein vergoren oder durch Kochen eingedickt wird, daraus entsteht Palmzucker, der nicht gereinigt, klebrig und stark süß ist. Die Brocken sind unterschiedlich gelb, je nach Güte des Palmsaftes; etwa 6 Monate haltbar, trocken lagern.

Papads – Pappadams – auch Pappadoms

Die runden, hauchdünnen Scheiben, aus verschiedenen Mehlsorten, auch Linsenmehl, hergestellt, gibt es unterschiedlich gewürzt zu kaufen. Man kann sie in Öl ausbacken oder im Backofen grillen.

Gemüsestand in Mumbai (ehemals Bombay)

Perlsago – Sabudana – Sago
Sago oder Perlsago wird aus dem Mark der Sagopalme gewonnen. Die Stärke wird durch Siebe gedrückt, es formen sich kleine weiße Perlen. Diese werden getrocknet. Sago hat wenig Eigengeschmack, wird er gegart, nehmen die Perlen die Struktur von Kaviar an.

Reisflocken – Pohas – Pawa
In Indien wachsen etwa 200 verschiedene Reissorten. Die besten werden als ganze Reiskörner verkauft, aus den minderwertigeren macht man Reismehl oder Reisflocken. Hierzu wird der Reis geschält, gewaschen und in Wasser gekocht. Diese Masse wird mit Hilfe von Walzen gepresst – dadurch entstehen je nach Walze unterschiedliche Flocken. Diese werden getrocknet. Reisflocken haben keinen Eigengeschmack, je nach Verwendungsart sind sie weich oder knusprig in der Konsistenz.

Tapioka – Sabudana
In Indien wird auch Tapioka als Sabudana bezeichnet. Tapiokastärke wird jedoch aus der Maniokpflanze (auch Kassave oder Yucca genannt) gewonnen, die nach der Entdeckung Amerikas zunächst nach Afrika und im 19. Jahrhundert auch nach Asien kam. Hier wird sie in den feuchten Tropen angebaut. Die stärkehaltigen Wurzelknollen sind roh giftig. Durch Auswaschen, Kochen oder Rösten zerfällt das Glykosid Linamarin. Es gibt auch Züchtungen, die sog. »süßen« Sorten, wo sich Linamarin vorwiegend in den äußeren Schichten befindet und durch Schälen entfernt werden kann; diese werden für Mehl, Stärke etc. verwendet.

Vermicelli – Feine Nudeln – Shevai – Sevian
Vermicelli werden aus Weizenmehl hergestellt; eine traditionelle Fastenspeise der Moslems wird mit diesen feinen Nudeln zubereitet. Wie der Name »Vermicelli« nach Indien gelangte ist unklar. Vermicelli halten sich in Cellophan verpackt ca. 5 Monate. Besonders fein schmecken sie, wenn sie in Ghee, Seite 23, zart angebraten werden.

Weizengrieß – Sooji
Für Grieß wird der Weizenkeim aus dem Weizenkorn entfernt, das Korn wird grob zermahlen. Es gibt unterschiedliche Arten von Hartweizengrieß mit unterschiedlich großen Körnern.

ALLER ANFANG IST LEICHT – GRUNDREZEPTE

Eine indische Hausfrau hat nicht sehr viel Platz in ihrer Küche, aber man wird stets eine Ecke, wo sie die Gewürze aufbewahrt, aus denen sie ihre Masala-Mischungen bereitet und einen Topf mit Ghee, geklärte Butter aus Kuh- oder Büffelmilch, vorfinden. Diese Zutaten geben selbst einfachen Gerichten einen köstlichen Geschmack. Durch die Vielfalt der Gewürzmischungen erhält man stets ein »neues« Essen.

GARAM MASALA I
GEWÜRZMISCHUNG

Zutaten*
100 g Koriandersamen, ganz
 50 g Kreuzkümmel, ganz
 25 g schwarze Pfefferkörner
 25 g weiße Pfefferkörner, 25 g Zimtstange
 25 g ganze Gewürznelken
 25 g grüne Kardamomkapseln
 25 g braune Kardamomkapseln
 5–6 Lorbeerblätter
 20 g Fenchelsamen, 10 g Muskatpulver

Zubereitung
1 Den Backofen auf 100 °C vorheizen.
2 Alle Zutaten, inklusive Fenchelsamen, in einer ofenfesten Bratpfanne mischen. Pfanne in den Backofen stellen und die Gewürze 30 Minuten rösten – sie dürfen jedoch nicht braun werden oder anbrennen! Gewürze zum Abkühlen beiseite stellen.
3 Die abgekühlten Gewürze in kleinen Portionen in einer elektrischen Kaffeemühle mahlen.
4 Muskatpulver zugeben und alles gut vermischen.
5 Masala-Pulver in dicht schließende dunkle Schraubdeckelgläser füllen.

GARAM MASALA II
GEWÜRZMISCHUNG

Zutaten*
100 g Koriander, ganz
 50 g Kreuzkümmel, ganz
 25 g schwarze Pfefferkörner
 25 g weiße Pfefferkörner, 25 g Kassia
 25 g ganze Gewürznelken
 25 g grüne Kardamomkapseln
 25 g braune Kardamomkapseln
 5–6 Lorbeerblätter
 3 g getrocknete Ingwerwurzel
 5 g Sternanis, 5 g Muskatblüte
 10 g Fenchelsamen

Zubereitung
Die Zubereitung erfolgt wie im Rezept Garam Masala I angegeben.
Kühl und trocken aufbewahren.

BLACK MASALA AUS MAHARASHTRA
GEWÜRZMISCHUNG AUS WESTINDIEN

Zutaten*
12 Kardamomkapseln
10 ganze Gewürznelken
 3 cm Zimtstange
 5 Lorbeerblätter, 1 TL Pflanzenöl
 1 EL weißer Sesamsamen
 1 EL Koriandersamen
 2 TL Kreuzkümmel, ganz
 2 TL Shah Jeera, schwarzer Kreuzkümmel
 4 EL Mohnsamen, 8 Fenugreeksamen
 2 EL Kokosraspel, 1/2 TL Asant
1/2 TL Kurkumapulver

Zubereitung
1 Kardamom, Nelken, Zimt und Lorbeerblätter im Öl anbraten, beiseite stellen und abkühlen lassen.
2 Alle anderen Zutaten bei geringer Hitzezufuhr in einer beschichteten Pfanne ohne Fett solange rösten, bis die Kokosflocken dunkelbraun sind – Vorsicht, nicht verbrennen! Abkühlen lassen.
3 Alles vermischen, portionsweise in einer Kaffeemühle zerkleinern und in dunklen Schraubdeckelgläsern luftdicht und kühl aufbewahren.

Vorhergehende Doppelseite:
Elephantenfest »Gaja Mela« in Cochin, Kerala

* Gewürze ab Seite 8 ff.; Haltbarkeit ca. 1/2 Jahr

GHEE
EINGEKOCHTE, GEKLÄRTE BUTTER

Zutaten
500 g Süßrahmbutter

Zubereitung
1 In einem großen Topf mit dickem Boden, unter ständigem Rühren die in Stücke geteilte Butter zum Kochen bringen. Sobald sich auf der Oberfläche ein weißer Schaum gebildet hat, die Hitze auf die kleinste Stufe reduzieren.
2 Butter unbedeckt und ohne Rühren 45 Minuten köcheln, bis die Butter (Ghee) klar und der Bodensatz hellbraun ist.
3 Den Ghee durch ein, mit einem Musselintuch ausgelegtes Sieb in einen Steinguttopf gießen. Darauf achten, daß keine Rückstände in den Ghee gelangen. Im Kühlschrank mehrere Monate haltbar.

Abbildung oben: Mitte vorne Paneer, dahinter Joghurt und rechts Ghee

PANEER
INDISCHER KÄSE

Zutaten
2 l Vollmilch
6 EL Zitronensaft oder milder Weinessig

Zubereitung
1 Die Milch in einem Topf mit schwerem Boden bei großer Hitzezufuhr zum Kochen bringen.
2 Den Zitronensaft oder Essig einrühren. Sollte die Milch nicht sofort gerinnen, noch etwas mehr Säuerungsmittel zufügen und die Milch wieder zum Kochen bringen.
3 Ist die Milch geronnen, den Topf vom Herd nehmen und den Inhalt in ein mit einem Musselintuch ausgelegtes Sieb gießen. Über einer Schüssel etwa 3 Minuten abtropfen lassen.
4 Das Tuch mit dem Quark zubinden, aus dem Sieb heben und auf einen flachen Teller legen. Mit einem mit Wasser gefüllten Topf beschweren.
5 Nach etwa 2 Stunden den Topf entfernen, Paneer aus dem Tuch nehmen und in Würfel schneiden.

KLEINE GERICHTE – SUPPEN, SNACKS UND SALATE

Die Suppen sind ein Erbe der englischen Kolonialzeit in Indien, sie waren vorher unbekannt. Dagegen sind kleine Knabbereien und Snacks in jedem gut geführten Haushalt stets verfügbar, schon um Gäste gebührend willkommen zu heißen. Spricht man in Europa von »Salat«, so meint das oft einen Blattsalat oder »gemischten« Salat. In Indien sind dieses meistens Joghurtspeisen, mit frischem Obst oder Gemüse, die ein Gericht ergänzen und die Schärfe mildern.

Indische Mahlzeiten bestehen meist aus mehreren unterschiedlichen Gerichten, eine Einteilung in Vorspeisen, Suppen und Hauptgerichte, wie man sie aus der westlichen Küche kennt, gibt es in dieser Gliederung nicht. Während der Kolonialzeit erfuhr die Speisenfolge besonders in der indischen Mittelschicht eine Veränderung, die bis heute anhält. So werden zum Beispiel Suppen, die die Engländer einführten, vor Gemüse- oder Reis- bzw. Brotgerichten gereicht. In den Restaurants werden ebenso wie in modernen Haushalten Suppen als Vorspeise gegessen.

Betritt in Indien tagsüber ein Gast das Haus, so wird er bewirtet: zuerst mit einem Glas Wasser – der Hitze wegen – dann mit Tee oder Kaffee. Dazu wird stets ein kleiner Imbiss gereicht, der in der Regel schnell zubereitet ist oder als Vorrat in einen gut geführten Haushalt immer verfügbar ist. Zum Beispiel pikante Knabbereien oder Gemüseküchlein sowie Sagobällchen und vieles mehr, Rezepte ab Seite 30.

Indische Salate haben mit den hierzulande bekannten Blatt- oder »gemischten« – Salaten keine Ähnlichkeit. Bis auf wenige Ausnahmen handelt es sich um Raitas. Raita ist eine Joghurtspeise pikant oder süß bereichert, die mit Gewürzen abgerundet wird. Dieser »kühle« Salat ist eine wunderbare Ergänzung zu den warmen und stark gewürzten Speisen, er mildert die Schärfe ab und erfrischt den Gaumen. Neben den Raitas sind besonders die mit Erdnüssen oder Bananen zubereiteten Salate in Indien sehr beliebt, Rezepte ab Seite 38.

Vorhergehende Doppelseite: Getränkestand in Margao, Goa

GAJAR SOUP
KAROTTENSUPPE

Eine preiswerte Suppe, die wie alle indischen Suppen recht sämig ist und zusammen mit Brot, oder Mackki Paratha, Rezept auf Seite 76, eine kleine Mahlzeit sein kann.
Auf der Abbildung Seite 27 vorne.

Zutaten für 4 Portionen
500 g   Karotten
   2   mittelgroße Kartoffel
   1   große Zwiebel
3/4 l   Gemüsebrühe
   1 TL Salz
1/2 TL schwarzer Pfeffer, frisch gemahlen
   1 TL Kreuzkümmelpulver

Zum Garnieren
4 EL Sahne (Rahm)
1 EL frische Korianderblätter

Zubereitung
1 Die Karotten, Kartoffeln und Zwiebel schälen, waschen und in kleine Würfel schneiden.

2 Die Gemüsebrühe in einem großen Topf bei starker Hitze zum Kochen bringen. Die geschnittenen Zutaten hinzufügen und alles gut umrühren. Die Hitze reduzieren, ca. 20 Minuten kochen lassen, bis das Gemüse weich ist.

3 Mit dem Pürierstab oder im Mixer pürieren. Die Suppe nochmals erhitzen, mit Salz, Pfeffer und Kreuzkümmelpulver vermischen.

4 Die Suppe auf Teller verteilen. Mit je einem Löffel Sahne vorsichtig übergießen und mit den Korianderblättern dekorieren.

TAMATAR SOUP
TOMATENSUPPE

Es ist überraschend, wie nur ein Gewürz – hier ist es frische Ingwerwurzel – einer Tomatensuppe einen vollkommen anderen, neuen und interessanten Geschmack verleiht (auf der Abbildung hinten).

Zutaten für 4 Portionen
- 1 EL Butter
- 1 TL Mehl
- 1 l Tomatensaft, aus frischen Tomaten hergestellt
- 1 1/2 EL frischer Ingwer, geputzt und feingerieben
- 1/2 TL Salz
- 1/2 TL Pfeffer, frisch gemahlen
- 1 TL Zucker
- 200 ml süße Sahne (Rahm)

Zum Garnieren
1 EL frische Korianderblätter, fein gehackt

Zubereitung

1 Vollreife Tomaten am Stielansatz über Kreuz leicht einschneiden. Wasser zum Kochen bringen, Tomaten portionsweise in ein Sieb legen und im kochenden Wasser etwa 1 Minute blanchieren. Dann in Eiswasser abschrecken. Gemüsefrüchte häuten, vierteln und die Kerne entfernen. Tomatenviertel in einen Mixer geben und auf höchster Umdrehung ca. 2 Minuten zerkleinern.

2 Die Butter in einem Topf zerlassen, Mehl dazugeben und kurz anbräunen.

3 Tomatensaft, Ingwer, Salz, Pfeffer und Zucker hinzufügen und alles gut umrühren. Auf starker Hitze zum Kochen bringen. Die Hitze reduzieren, halb zugedeckt ca. 10 Minuten köcheln lassen.

4 Kurz vor dem Servieren Sahne unterrühren und mit Korianderblättern garnieren.

KADDU SOUP
KÜRBISSUPPE

Wenn im Herbst die leuchtend-orangefarbenen Kürbisse in allen Größen auf dem Markt sind, läßt sich mit diesem Rezept die Schwemme lecker bewältigen! Hierzu eignen sich viele Sorten, besonders köstlich schmeckt der Muskatkürbis.

Zutaten für 4 Portionen
500 g Kürbisfleisch, etwa 1/4 Kürbis je nach Größe
3 große Kartoffeln
4 Zwiebeln
1 l Gemüsebrühe
1/2 TL Salz
1/4 TL Muskatnuß, frisch gerieben
1/2 TL schwarzer Pfeffer, frisch gemahlen

Zum Garnieren
4 EL süße Sahne (Rahm), leicht geschlagen
2 TL Pistazien, gehackt

Zubereitung
1 Den Kürbis mit einem großen Messer in Stücke schneiden. Alle Samen, Fäden und die Schale entfernen. Die Kartoffeln und Zwiebeln schälen. Die Gemüse waschen und in kleine Stücke schneiden.

2 Die Gemüsebrühe in einem großen Topf bei starker Hitze zum Kochen bringen. Die geschnittenen Zutaten hinzufügen und alles gut umrühren. Die Hitze reduzieren, ca. 20 Minuten kochen lassen, bis das Gemüse weich ist.

3 Mit dem Pürierstab oder im Mixer pürieren. Nochmals erhitzen, mit Salz, Muskat und Pfeffer abschmecken.

4 Die Suppe auf Teller verteilen, mit der geschlagenen Sahne und den Pistazien garnieren. Heiß servieren.

SIMLA MIRCH SOUP
PAPRIKASUPPE

Der Gemüsepaprika (Peperoni) ist eine wahre Vitaminbombe: reife Schoten enthalten 5 bis 8 mal mehr Vitamin C als Zitronen! Angenehmer Nebeneffekt beim Verzehr: Appetit und Verdauung werden angeregt.

Zutaten für 4 Portionen
- 2 Zwiebeln
- 4 rote Paprikaschoten
- 1 gelbe Paprikaschoten
- 2 grüne Paprikaschoten
- 2 EL Butterschmalz oder Ghee, Seite 23
- 3/4 l Gemüsebrühe
- 1 TL Salz
- 1/2 TL schwarzer Pfeffer, frisch gemahlen
- 1 TL Korianderpulver

Zum Garnieren
- 4 EL Sahne (Rahm)
- 1 EL frische Korianderblätter

Zubereitung

1 Die Zwiebeln fein schneiden. Die Paprikaschoten (Peperoni) waschen, halbieren, von den Kernen und den weißen Trennwänden säubern.

2 Die halbierten Paprika in kochendem Wasser blanchieren bis die Haut sich löst. Herausnehmen, kalt abschrecken, die Haut abziehen und die Schoten in kleine Stücke schneiden.

3 In einem großen Topf Butterschmalz bei mittlerer Hitze zerlassen, Zwiebeln darin andünsten. Die Paprikastücke zugeben, mit der Gemüsebrühe auffüllen, umrühren und ca. 15 Minuten kochen. Dann etwas abkühlen lassen.

4 Die Suppe mit dem Pürierstab oder im Mixer pürieren mit Salz, Pfeffer und Korianderpulver abschmecken. Nochmals erhitzen.

5 Die Suppe auf Teller verteilen. Mit je einem Löffel Sahne vorsichtig übergießen und mit den Korianderblättern dekorieren.

BATATA VADA
Kartoffelbällchen

Koriander war lange Zeit auch in Europa ein beliebtes Würzkraut, es wurde sogar zur Ungezieferabwehr in Wäscheschränke gelegt – das brachte dem Kraut den Namen »Wanzenkraut« ein. In den letzten Jahren erlebt Koriander ein »Comeback«.

Zutaten für 4 Portionen
500 g Kartoffeln, festkochend
  1 EL Kokosraspel
  1 EL Milch
3/4 TL Chilipulver
  2 TL frische Korianderblätter, fein gehackt
  1 TL Salz
1/2 TL Kurkumapulver
  2 TL Zitronensaft
3/4 l Pflanzenöl zum Fritieren

Teig
  125 g Kichererbsenmehl (Besan), siehe Seite 57
  1/2 TL Salz
    1 Msp Chilipulver
ca. 175 ml Wasser

Zubereitung

1 Die Kartoffeln mit der Schale kochen, schälen und durch die Kartoffelpresse drücken.

2 Die Kokosraspel in eine kleine Tasse geben, die Milch darübergießen und einweichen.

3 Kartoffeln, Chilipulver, Korianderblätter, Salz, Kurkumapulver, Zitronensaft und Kokosraspel mitsamt der Einweichmilch in eine große Schüssel geben und gut vermengen. Von der Kartoffelmasse walnußgroße Bällchen formen und beiseite stellen.

4 In einer anderen Schüssel Besan, Salz und Chilipulver gut vermischen. Wasser dazugießen und zu einem glatten Teig verrühren. (Der Teig sollte etwas dicker als Pfannkuchenteig sein.)

5 Öl in einem Karhai, siehe Seite 31, oder Fritiertopf erhitzen. Die Bällchen einzeln in den Teig eintauchen. Mit einem Löffel herausnehmen und direkt in das heiße Öl gleiten lassen. Mit einen Schaumlöffel tief in das Öl tauchen und fritieren, bis sie rundum goldbraun sind. Herausnehmen und auf Küchenkrepp abtropfen lassen.

Heiß mit Nariyal Chatni, Seite 92 servieren.

MATTAR KACHORI
ERBSEN-PATTIES

Dies ist ein Rezept meiner Mutter. Sie hat dafür einen Poori-Teig verwendet und die Kachoris in Öl fritiert. Wir können hierzu auch Tiefkühl-Blätterteig nehmen, der sogar den Geschmack verbessert, die Patties sind zarter und die Zubereitung geht schneller, da man alle auf einmal backen kann.

Zutaten für 6 Portionen
- 300 g TK-Blätterteig
- 1–2 EL Pflanzenöl
- 1 TL Kreuzkümmel, ganz
- 300 g TK-Erbsen oder frische Erbsen, nach Saison
- 1 grüne Chilischote, fein gehackt
- 1/2 TL frischer Ingwer, geputzt und gerieben
- 1 EL Korianderpulver, 1 EL Kokosraspel
- 1/2 TL Kurkumapulver, Saft von einer Zitrone
- 1/2 TL Salz
- 2 EL frische Korianderblätter, fein gehackt

* Karhai – Der in den Rezepten erwähnte Karhai ist ein indischer Fritiertopf. Weil er wie eine Halbkugel geformt ist, benötigt man zum Fritieren nur kleine Mengen Öl.

Zubereitung

1 Blätterteig nach Anleitung auftauen lassen.

2 In einer Pfanne das Öl erhitzen, Kümmel dazugeben und anrösten. Dann alle anderen Zutaten einschließlich Salz zufügen. Gut umrühren, zugedeckt köcheln lassen bis die Erbsen weich sind.

3 Korianderblätter darüberstreuen und die Masse abkühlen lassen.

4 Den Backofen auf 180°C vorheizen. Die Blätterteigstücke wieder aufeinander legen und in zwei Quadrate schneiden. Die erste Portion auf einer bemehlten Arbeitsfläche zu einem ca. 35 × 35 cm großen Stück ausrollen und mit dem Messer in 9 gleich große Quadrate teilen. Die Füllung löffelweise in die Mitte der Quadrate geben, die Ränder mit Wasser bepinseln. Jedes Quadrat zu einem Dreieck zusammenklappen und die Ränder festdrücken.

5 Auf ein mit Backpapier ausgelegtes Blech legen und die Oberfläche mit Wasser bepinseln. Den Vorgang mit der zweiten Portion Teig wiederholen. Bei 180°C (Gas Stufe 2) etwa 20–25 Minuten backen bis die Kachoris goldbraun sind.

Warm mit Chutney oder Joghurt servieren.

BATATYACHE THALIPITH
KARTOFFELPUFFER ODER KARTOFFELRÖSTI

Kartoffelpuffer sind eine Lieblingsspeise von Kindern. Diese schmecken einmal anders – sollte die Chilischote zu scharf sein – einfach weglassen! Als kleine Mahlzeit können sie mit Gurkensalat, Rezept Seite 41, serviert werden.

Zutaten für 2 Stück
- 5–6 große Kartoffeln, geschält und gewaschen
- 4 EL gutes Speiseöl, wie Erdnuß- oder Sonnenblumenöl
- 1 TL grüne Chilischote, fein geschnitten ohne Kerne
- 1 EL frische Korianderblätter
- 1 TL Salz
- 1 TL Kreuzkümmel, ganz

Zubereitung

1 Die rohen Kartoffeln auf der groblöchrigen Seite einer Küchenreibe in eine Schüssel raspeln.

2 In zwei beschichteten Pfannen je 2 Eßlöffel Öl auf mittlerer Hitze heiß werden lassen. Inzwischen die Kartoffelmasse mit den feingeschnittenen Chilischoten, Korianderblättern und dem Salz vermengen.

3 Den Kreuzkümmel in das heiße Öl einstreuen, je die Hälfte der geriebenen Kartoffeln in die Pfannen verteilen und auf Pfannengröße flach drücken. 5–7 Minuten braten, bis die Unterseite goldbraun ist. Die Puffer wenden und die andere Seite auch goldbraun braten. Sie sollen außen knusprig und innen weich sein. Heiß servieren!

PALAK ALOO PAKORA
AUSGEBACKENE SPINAT-KARTOFFEL-KÜCHLEIN

Ajowan stammt aus derselben Pflanzenfamilie wie der Kreuzkümmel und die Petersilie, die Samen schmecken ähnlich wie Thymian. Sie werden nicht nur als Gewürz sondern auch als Mittel gegen Blähungen an Hülsenfrüchte gegeben.

Zutaten für 4 Portionen
- 1 große Kartoffel, geschält und gerieben
- 150 g frische Spinatblätter, gewaschen und fein gehackt oder TK-Blattspinat, angetaut und zerkleinert
- 150 g Kichererbsenmehl (Besan), gesiebt
- 1 TL Ajowan, gemahlen, Seite 8
- 40 g Hartweizengrieß
- 3/4 TL Salz
- 1 Prise Natron
- 2 grüne Chilischoten, fein geschnitten
- 3/4 l Sonnenblumenöl zum Fritieren

Zubereitung

1 Alle Zutaten, einschließlich Chilischoten, in eine Schüssel geben und gut vermengen, bis ein fester, glatter Teig entsteht.

2 Das Öl in einem Fritiertopf oder Karhai, Seite 31, erhitzen.

3 Je 1 Teelöffel Teig für die einzelnen Pakoras abstechen und mit einem zweiten Löffel in das heiße Öl schieben und ausbacken, bis sie goldbraun sind. Mit dem Schaumlöffel aus dem Öl heben und zum Abtropfen auf Küchenkrepp legen.

4 Heiß mit einem Chutney servieren: zum Beispiel Koriander- und Tomaten-Chutney oder Kokosnuß-Chutney, Seite 92.

MATTAR POHAS
REISFLOCKEN MIT ERBSEN

Reisflocken sind ein indisches Fertigprodukt und unter dem Namen Pohas oder Pawa (siehe Seite 19) erhältlich. In Reformhäusern oder indischen Geschäften sind sie vorrätig.

Zutaten für 2 Portionen
250 g Reisflocken, siehe Seite 19
   3 EL Pflanzenöl
   1 TL Kreuzkümmel, ganz
   1 Zwiebel, fein geschnitten
1–2 grüne Chilischoten, fein geschnitten
100 g TK-Erbsen oder frische Erbsen
   1 TL Salz
1/2 TL Kurkumapulver
   3 EL Zitronensaft
   1 Prise Zucker

Zum Garnieren
2 EL Korianderblätter, gehackt
1 EL Kokosraspel

Zubereitung
1 Reisflocken in ein Sieb geben, mit kaltem Wasser überbrausen und waschen. Ca. 10 Minuten abtropfen lassen.
2 Öl in einer beschichteten Pfanne erhitzen. Kümmel zugeben und sobald er zu knistern beginnt, Zwiebel und Chilischoten hinzufügen und unter Rühren braten, bis die Zwiebeln glasig sind. Erbsen, Salz und Kurkumapulver dazugeben, umrühren und das Gemüse bei geschlossenem Deckel ca. 5 Minuten dünsten.
3 Zitronensaft, Zucker und Reisflocken hineingeben, alles gut vermischen und zugedeckt noch ca. 5 Minuten garen. Kurz umrühren, dann mit Korianderblättern und Kokosraspel bestreuen. Heiß servieren.

VEGETABLE TIKKA
GEMÜSEKÜCHLEIN

Gemüseküchlein sind ein in ganz Indien beliebter Snack. Man findet sie in kleinen Lokalen und an Imbißständen – allerdings in unterschiedlich guter Qualität. Wird frisches Gemüse verarbeitet, schmecken die Tikkas besonders lecker.

Zutaten für 4 Portionen
400 g gekochte Kartoffeln, fein geschnitten
200 g gekochte Karotten, fein gewürfelt
100 g gekochte Bohnen, fein geschnitten
 50 g gekochte Erbsen
  1 Zwiebel, geschält, fein gehackt
  1 TL frischer Ingwer, geputzt und gerieben
  1 grüne Chilischote, fein gehackt
1–2 Knoblauchzehen, geschält und zerdrückt
  1 EL frische Korianderblätter, fein gehackt
  1 TL Salz
  1 TL schwarzer Pfeffer, frisch gemahlen
1/2 TL Korianderpulver
 70 g Kichererbsenmehl (Besan), gesiebt
ca. 3 EL Weizenmehl zum Wenden
Pflanzenöl, z. B. Erdnußöl, zum Braten

Zubereitung
1 Das Gemüse mit den Gewürzen in eine Schüssel geben und alles gut vermischen.
Besan darüberstreuen und unter die Masse kneten.
2 Aus der Masse 12 gleich große Kugeln formen. Mit der Hand flachdrücken, in Weizenmehl wenden und auf eine Platte legen.
3 Das Öl in einer Pfanne sehr stark erhitzen, die Tikkas hineingeben und von beiden Seiten goldbraun braten.

Heiß mit Joghurt oder Chutney servieren, Rezepte ab Seite 92.

SOOVA KA PAKORAS
DILL- UND ZUCCHINI-FRITTERS

Diese Fritters hat meine Mutter mit Dudhi, einem hellgrünen Flaschenkürbis, zubereitet. Da Zucchini und Kürbisse botanisch eng verwandt sind, läßt sich das Rezept sehr gut mit Zucchini nachvollziehen. Diese brauchen im Gegensatz zu den Kürbissen nicht geschält werden.

Zutaten für 4 Portionen
- 1 Bund frischer Dill, fein gehackt
- 1–2 kleine Zucchini, gewaschen und fein geraspelt
- 1 grüne Chilischote, fein gehackt
- 1/4 TL Kurkumapulver
- 1 TL Korianderpulver
- 3/4 TL Salz
- 1 EL Pflanzenöl
- 2 EL Weizenkleie
- 1 Prise Natron
- 150 g Kichererbsenmehl (Besan), gesiebt

Pflanzenöl zum Fritieren

Zubereitung

1 In einer tiefen Schüssel Dill und Zucchini gut vermengen. Kurkumapulver, Chilischoten, Korianderpulver, Salz, Öl, Weizenkleie, Natron und Besan zufügen, mit einem Löffel durchmischen, bis ein glatter Teig entsteht.

2 Ca. 3/4 l Öl in einem Karhai, siehe Seite 31, oder Fritiertopf erhitzen. Je 1 Teelöffel Teig für die einzelnen Pakoras abstechen und mit einem zweiten Löffel direkt in das heiße Öl schieben und fritieren, bis sie rundum goldbraun sind. Mit dem Schaumlöffel aus dem Öl heben und zum Abtropfen auf Küchenkrepp legen.
Heiß mit einem Chutney, Rezepte ab Seite 92, servieren.

SHEV
KICHERBSENNESTER

Um *Shev* herstellen zu können, braucht man eine spezielle Presse, die in allen indischen Geschäften verkauft wird. Die Presse besteht aus einem zylindrischen Körper mit auswechselbaren Lochscheiben im Boden sowie einem aufschraubbaren Deckel, in dem eine Spindel mit Handkurbel zum Durchdrücken der Teigmasse untergebracht ist.

Zutaten für 4 Portionen
- 1 EL Pflanzenöl
- 250 g Kichererbsenmehl (Besan)
- 1 TL Ajowan, Seite 8
- 1/2 TL Kurkumapulver
- 1/4 TL Chilipulver
- 1/2 TL Salz
- 1 Msp Backpulver
- 2–4 EL kaltes Wasser
- 3/4 l Pflanzenöl zum Fritieren

Zubereitung

1 Das Öl in eine große Schüssel gießen, Kichererbsenmehl darübersieben, die Gewürze zufügen und alles gut vermengen. Soviel Wasser zugeben, bis ein fester Teig entsteht.

2 Öl in einem Fritiertopf oder Karhai, Seite 31. erhitzen.

3 Den Teig in kleinen Portionen in die Shevpresse füllen und mit kreisenden Bewegungen Nester in das Öl pressen. Solange ausbacken, bis das Shev Farbe angenommen hat. Die Nester mit einem Schaumlöffel aus dem Öl heben und auf Küchenkrepp abtropfen lassen.

Kichererbsennester in einer luftdicht verschlossenen Dose kühl aufbewahren. Etwa 2–3 Wochen haltbar. Man kann Shevs einfach so knabbern oder in kürzere Stücke gebrochen mit Chivda, Seite 36, mischen.

MASALEDAR NUTS
Pikante Nussmischung

Ein kleiner Vorrat an pikanten Knabbereien ist in einem größeren indischen Haushalt stets anzutreffen. Diese Snacks werden zusammen mit Süßigkeiten in Indien zum Tee serviert, in Europa kann man sie gut zu Bier oder Wein reichen.

Zutaten für 4 Portionen
- 1 EL Ghee, Seite 23 oder Butterschmalz
- 1/2 TL Kreuzkümmel, ganz
- 10 Curryblätter
- 200 g Erdnüsse, ungesalzen
- 100 g Cashewnüsse
- 100 g geschälte Mandeln
- 50 g Rosinen
- 1 TL Chilipulver
- 1/4 TL Kurkuma
- 1/2 TL Garam Masala oder Goda Masala, Seite 22
- 1/4 TL Korianderpulver
- 1/4 TL Kreuzkümmelpulver
- 1/2 TL Salz
- 1/4 TL Zucker

sehr kleine, selbst zubereitete Pommes frites (im Backofen ohne Fett gegart)

Zubereitung

1 Ghee oder Butterschmalz bei mittlerer Hitzezufuhr schmelzen. Kreuzkümmel und Curryblätter zugeben und anbraten.

2 Nüsse, Mandeln und Rosinen zugeben, unter Rühren solange braten, bis sie Farbe angenommen haben.

3 Nun alle restlichen Gewürze untermischen und unter gelegentlichem Umrühren noch 3 Minuten auf der Hitzequelle lassen.

4 Den Topf vom Herd nehmen, die Pommes frites unterheben und die Mischung abkühlen lassen. In einer luftdicht verschlossenen Dose aufbewahren. Haltbarkeit: ca. 2 Wochen.

CHIVDA
WÜRZIGE KNABBEREI

Zu »Diwali«, dem indischen Lichterfest, darf Chivda nie fehlen. Da sich die würzige Knabberei, luftdicht verschlossen, etwa 2 Wochen hält, fangen indische Hausfrauen rechtzeitig mit der Herstellung an, wobei jede Hausfrau den Gästen das beste Chivda anbieten möchte.

Zutaten
- 5 EL Butterschmalz oder Sonnenblumenöl
- 1 EL Kreuzkümmel, ganz
- 2 grüne Chilischoten, fein geschnitten
- 2 EL Curryblätter
- 200 g gesalzene Erdnüsse, 100 g Cashewnüsse
- 100 g getrocknete Kokosnuß, mit dem Messer in dünne Chips geschnitten
- 50 g Rosinen, 1–2 TL Kurkuma
- 1 TL Garam Masala, Seite 22
- 1 TL Zucker, 1 TL Salz
- 300 g Puffreis, alternativ Rice Crispies
- evtl. sehr kleine, selbst zubereitete Pommes frites (im Backofen ohne Fett gegart)

Zubereitung

1 In einem großen, ca. 5 l fassenden Topf das Butterschmalz oder Öl heiß werden lassen. Den Kümmel einstreuen und warten, bis die Körner zu knacken beginnen, dann die Chilischoten und die Curryblätter hinzugeben und leicht anrösten.

2 Anschließend die Erdnüsse und Cashewnüsse in den Topf geben und unter Rühren goldbraun anbraten. Danach die Kokos-Chips, Rosinen und die Gewürze unterrühren und alle Zutaten gut vermischen.

3 Den Topf vom Herd nehmen und den Puffreis sowie nach Belieben die selbstgemachten kleinen Pommes frites gründlich untermischen, bis alles von der Gewürzmischung gleichmäßig überzogen ist.

4 Das Chivda erkalten lassen und in luftdicht schließenden Behältern aufbewahren. Haltbarkeit: bei kühler Lagerung ca. 2 Wochen.

SAGOWADAS
SAGOBÄLLCHEN

Echter Sago wird aus dem Mark der Sagopalme gewonnen: nach der Blüte wird die Palme gefällt, der Stamm gespalten und das Mark herausgelöst. Dieses besteht aus 80% Stärke. Wird die Palme nicht gefällt, stirbt sie nach dem Blühen ab, hat sich aber durch zahlreiche Ableger vermehrt.

Zutaten für 2 Portionen
250 g Sagoperlen
     5 große Speisekartoffeln, in der Schale gekocht
     2 grüne Chilischoten, fein gehackt
1/2 TL Kreuzkümmel, ganz
1/2 TL Salz
100 g gesalzene Erdnüsse, grob zerdrückt
     4 EL Butterschmalz oder Ghee, Seite 23

Zubereitung
1 Sago in ein Sieb geben, unter fließendem Wasser gut durchfeuchten, zur Seite stellen und eine Stunde quellen lassen.

2 Die Kartoffeln pellen und durch die Kartoffelpresse in eine Schüssel drücken. Den Sago und die anderen Zutaten hinzufügen und die Masse mit der Hand zu einem Teig verkneten. Tischtennisballgroße Bällchen formen, diese etwas flachdrücken.

3 In einer beschichteten Pfanne oder einer Pfanne mit einem dicken Boden das Butterschmalz erhitzen und die Sagowadas darin bei mittlerer Hitze goldbraun braten.
Mit Naturjoghurt servieren.

UPAMA
GRIESS MIT ERBSEN

Upama ist eine pikante Variante der zumeist süßen Grießspeisen. Eine Handvoll gekochte ungesalzene Cashewnüsse bringt Abwechslung und Verfeinerung. Upama ist in Südindien eine beliebte Frühstücksspeise.

Zutaten für 2 Portionen
150 g grober Weizengrieß, 3 EL Pflanzenöl
     1 TL schwarze Senfkörner
     1 große Zwiebel, fein geschnitten
     1 grüne Chilischote, fein geschnitten
     1 TL Kurkumapulver
     2 EL Curryblätter, frisch oder getrocknet
  75 g TK-Erbsen oder frische Erbsen
1 1/2 TL Salz, 3 EL Zitronensaft
 300 ml heißes Wasser

Zum Garnieren
2 EL Korianderblätter, gehackt, 2 EL Kokosraspel

Zubereitung
1 Grieß in einer beschichteten Pfanne ohne Öl anrösten, bis er eine leichte Färbung annimmt. Auf einem Teller abkühlen lassen.

2 In der gleichen Pfanne Öl erhitzen, Senfkörner hineingeben und sobald sie zu platzen beginnen, Zwiebel, Ingwer, Chilischoten und Kurkumapulver hinzufügen und unter Rühren anbraten, bis die Zwiebeln glasig sind.

3 Erbsen, Salz, Zitronensaft und den Grieß dazugeben und umrühren. Das heiße Wasser unter Rühren zugießen, alle zugedeckt auf kleiner Flamme ca. 10 Minuten garen – gelegentlich umrühren.

4 Mit Korianderblättern und Kokosraspel garnieren und heiß zu Tee oder Kaffee servieren; gut gekühlter Joghurt paßt gut dazu.

Die erfrischenden Salat-Joghurt-Gerichte bzw. Rohkost passen sehr gut zu *Pulao* (ab Seite 86, 87) und *Biryani*, die wir in unserem Buch: »Die festliche Indische Küche«, erschienen im Hädecke Verlag, vorstellen. Jeder Esser nimmt sich ein paar Löffel von einem oder von mehreren Salaten, setzt sie kreisförmig an den Tellerrand, möglichst in der Nähe des Reises und mischt bei jedem Bissen eine kleine Menge *Raita* unter den Reis.

PUDINA KA RAITA
MINZESALAT MIT JOGHURT

Das Verbreitungsgebiet der Gattung Mentha ist die nördliche gemäßigte Klimazone. Unter den etwa 40 Arten gedeihen in Indien. Die verschiedenen Arten unterscheiden sich durch ihren Duft und Geschmack; in Mitteleuropa ist vor allem die Pfefferminze bekannt.

Zutaten für 4 Portionen
3–4 EL frische Minze, fein gehackt
3 EL Zwiebeln, fein gehackt
1/2 grüne Chilischote, fein gehackt
1 Msp Salz
150 ml Joghurt

Zum Garnieren
Frische kleine Minzeblätter

Zubereitung
1 Alle Zutaten in eine Schüssel geben, mit dem Schneebesen gut schlagen und für eine Stunde in den Kühlschrank stellen.
Vor dem Servieren mit frischen Minzeblättern garnieren.

PALAK KA RAITA
SPINATSALAT MIT JOGHURT

Bei diesem schlichten Spinatsalat bringt die Gewürzmischung den Pfiff! Bekommt man ganz kleine Spinatblätter, so können diese auch ganz verarbeitet werden.

Zutaten für 4 Portionen
500 g frischer Blattspinat
500 g Joghurt
1/2 TL Salz
1 Knoblauchzehe
1 EL Pflanzenöl
1/2 TL schwarze Senfkörner
1/2 TL Kreuzkümmel, ganz
1/2 TL Kreuzkümmel, gemahlen
3 Nelken
1 grüne Chilischote, fein gehackt

Zubereitung
1 Den Spinat waschen, verlesen und die Stengel entfernen. In einem kleinen Topf, ohne Zugabe von Wasser, zugedeckt, bei mittlerer Hitze, in 5–8 Minuten gar dünsten. Den Spinat in ein Sieb geben, abkühlen lassen und dann grob hacken.
2 Joghurt und Salz in eine Schüssel geben. Die Knoblauchzehe schälen und durch die Knoblauchpresse in den Joghurt drücken und gut verrühren. Den Spinat dazugeben und mit der Soße vermischen.
3 In einer kleinen Pfanne das Öl heiß werden lassen, die Senfkörner darin anbraten, bis sie platzen. Kümmel, Kümmelpulver, Nelken und Chilischote zugeben und alles ein bis zwei Minuten unter ständigem Rühren weiterbraten.
4 Die Gewürzmischung unter die Joghurt-Spinat-Mischung mengen, für ca. eine Stunde in den Kühlschrank stellen. Kalt servieren.

VEGETABLE RAITA
JOGHURT MIT GEMÜSE

Salatgurke und Dill sind eine gute Verbindung, aber Salatgurke mit frischem Koriander schmeckt ausdrucksvoller. Dill wird ebenso wie Koriander in ganz Indien angebaut und geschätzt. Von beiden Pflanzen werden nicht nur die frischen Blättchen sondern auch die Samen verwendet.

Zutaten für 6 Portionen
300 ml Joghurt
1/2 TL Salz
1/4 TL gemahlener Pfeffer
1/2 TL Kreuzkümmel, gemahlen
1/2 Gurke, gewaschen, ungeschält fein gehackt
  1 Zwiebel, geschält, fein gehackt
  2 Tomaten, fein gehackt
  2 gekochte Kartoffeln, geschält, fein geschnitten

Zum Garnieren
2 EL Korianderblätter, fein gehackt

Zubereitung
1 Joghurt, Salz, Pfeffer und Kümmelpulver in eine Schüssel geben und verrühren.

2 Gurke, Zwiebel, Tomaten und Kartoffeln zufügen, gut umrühren und den Salat eine Stunde zum Durchziehen in den Kühlschrank stellen. Mit Korianderblättern garnieren.

KELA – NARIYAL KA RAITA
BANANEN-KOKOSNUSS-SALAT

Diesen Salat sollte man nur mit frischer Kokosnuß – siehe auch Seite 17 – zubereiten. Die feine Geschmacksbalance der Zutaten bleibt dann erhalten.

Zutaten für 4 Portionen
  2 EL Butterschmalz oder Ghee, Seite 23
  1 TL schwarze Senfkörner
  6 EL frische geriebene Kokosnuß
300 ml Joghurt
  1 TL Salz
  2 feste reife Bananen
  1 EL frischer Koriander, fein gehackt
1/2 grüne Chilischote, fein geschnitten

Zubereitung
1 In einer kleinen Pfanne das Butterschmalz erhitzen. Die Senfkörner hineingeben; sobald sie anfangen zu knistern und aufplatzen, die Kokosraspel hineingeben und ca. 10–15 Sekunden rühren.

2 Bananen schälen, in 1/2 cm dicke Scheiben schneiden. Zur Kokosmasse geben, alle anderen Zutaten ebenfalls unterheben. Behutsam mischen.

3 Salat in eine Schüssel füllen, mit Klarsichtfolie fest verschließen und für eine halbe Stunde in den Kühlschrank stellen.
Dieser Salat paßt gut zu Purees, Rotis und Parathas – Rezepte ab Seite 71ff.

GAJAR MOONGFALLI RAITA
KAROTTENSALAT MIT ERDNÜSSEN

Die Erdnußpflanze gehört wie die Bohne und Erbse zu den Hülsenfrüchten. Roh schmecken Erdnüsse ähnlich wie Bohnen, erst durch das Rösten erhalten sie ihren typischen Geschmack.
Auf der Abb. oben rechts.

Zutaten für 4 Portionen
150 ml Joghurt
1/4 TL Salz, 1/2 TL Zucker
Saft von einer 1/2 Zitrone
   3 TL frische Kokosflocken
   2 TL frische Korianderblätter, fein gehackt
250 g Karotten, geschält und fein geraspelt
  75 g gesalzene Erdnüsse, grob gehackt

Zubereitung
1 In einer Schüssel Joghurt, Salz, Zucker, Zitronensaft, Kokosflocken und Korianderblätter gut mischen.

2 Die Karotten unterheben. Mit Erdnüssen bestreuen und sofort servieren.

TAMATAR KI CACHUMBAR
TOMATEN-ERDNUSS-SALAT

Die Vorandenregion Brasiliens und Boliviens ist die Heimat der Erdnuß. Portugiesische Seefahrer brachten sie nach Indien, das zu den größten Erzeugerländern der Welt gehört.
Auf der Abb. oben links.

Zutaten für 4 Portionen
    4 Tomaten, gewürfelt
1/2 grüne Chilischote, fein gehackt
1/4 TL Salz, 1/2 TL Zucker

Zum Garnieren
2 EL frische Korianderblätter, fein gehackt
1 TL Zitronensaft
100 g gesalzene Erdnüsse, grob gehackt

Zubereitung
1 Tomaten mit gehackten Chilischoten, Salz, Zucker, Zitronensaft und Korianderblättern in eine Schüssel geben und alles gut vermengen. Für eine Stunde in den Kühlschrank stellen.

2 Erdnüsse dazugeben, gut umrühren und sofort servieren.

KHEERA KA RAITA
GURKENSALAT

Beim Schälen der Gurke einige Streifen stehen lassen, das macht den Salat würziger und sieht optisch hübsch aus.
Auf der Abb. oben: links Gurkensalat und rechts Bananensalat.

Zutaten für 4 Portionen
- 1 Salatgurke
- 1 TL Zitronensaft
- 1/2 grüne Chilischote, fein geschnitten
- 1/2 TL Salz, 1/2 TL Zucker
- 150 g saure Sahne
- 1 EL Korianderblätter, gehackt

Zubereitung
1 Die Gurke schälen, der Länge nach halbieren und mit einem Löffel die Kerne herausschaben. Die Gurkenhälften quer in 1/2 cm dicke Scheiben schneiden.

2 In einer Schüssel die restlichen Zutaten miteinander vermengen, die Gurkenscheiben unterheben und etwa 30 Minuten kühl stellen.

KELA KA RAITA
BANANENSALAT

Hier wird die Banane einmal nicht als Süßspeise serviert, sondern als geschmacklicher Gegenpol zu stark gewürzten Speisen gereicht. In Südostasien gibt es ein köstliches Rezept mit grünen Bohnen, gemischt mit Bananen.

Zutaten für 4 Portionen
- 150 g Joghurt, 1/2 TL Salz,
- 1 TL Zucker, 2 TL Zitronensaft
- 1/4 grüne Chilischote, fein gehackt
- 4 reife Bananen, geschält, in 1 cm große Scheiben geschnitten
- 2 EL Korianderblätter, gehackt

Zubereitung
1 Joghurt mit Salz, Zucker, Zitronensaft und Chilischoten in eine Schüssel geben und verrühren.

2 Die Bananen unterheben und den Salat eine Stunde im Kühlschrank durchziehen lassen. Vor dem Servieren mit Korianderblättern bestreuen.

VOM FELD UND AUS DEM GARTEN – GEMÜSE

»Was koche ich heute?«, fragt sich auch die indische Hausfrau. Ihre Entscheidung wird durch das Angebot der Händler bestimmt, denn höchstes Gebot ist die Frische! Hier in Europa finden Sie inzwischen alle Gemüse, die Sie zu unseren Rezepten benötigen, beim Gemüsehändler, in Markthallen und im Supermarkt. Die verschiedenen *Masalas*, d. h. die speziellen Gewürzmischungen für die Gemüsegerichte, bringen einen Geschmacksreichtum, der auch unserem Alltagsgemüse, der Kartoffel, ein Krönchen aufsetzt.
Die Gemüsegerichte kann man entweder nur mit Reis oder Brot, oder auch mit beidem gemeinsam servieren.

ALOO BAIGAN KI SABZI
KARTOFFEL-AUBERGINEN-GEMÜSE

Indien bietet eine große Auswahl unterschiedlicher Auberginen: da gibt es runde, eiförmige, keulenartige; die Farben spielen von weiß über grün-weiß gestreift bis purpur, tiefviolett und fast schwarz. Auberginen haben wenig Eigengeschmack, deshalb sind die Gewürze der indischen Küche die ideale Ergänzung.

Zutaten für 4 Portionen
2–3 EL Kokosraspel, 3 EL Pflanzenöl
   1 TL Kreuzkümmel, ganz
   3 Zwiebeln, geschält und in Streifen geschnitten
1/2 TL Kurkumapulver
   1 grüne Chilischote, fein gehackt
   2 EL Korianderpulver
3–4 Kartoffeln, geschält und gewürfelt
   1 Prise Zucker, 1 TL Salz
400 ml Tomatensaft
500 g Auberginen, ungeschält, in 3 cm große Würfel geschnitten

Vorhergehende Doppelseite:
Marktstand in Vadodara, ehemals Baroda, Gujarat

Zum Garnieren
2 EL frische Korianderblätter, fein gehackt

Zubereitung
1 In einer kleinen Pfanne die Kokosraspel ohne Fett goldbraun anrösten und dann beiseite stellen.

2 Das Öl in einem Topf heiß werden lassen Kümmel dazugeben und ca. eine 1/2 Minute anbraten. Zwiebeln hinzufügen und goldbraun anrösten.

3 Kokosraspel, Kurkumapulver, Chilischoten und Korianderpulver zugeben, unter Rühren kurz anbraten. Kartoffeln, Zucker und Salz zufügen, gut umrühren. Danach den Tomatensaft zugießen und zum Kochen bringen.

4 Auberginen hineingeben, gut durchrühren und das Gericht in ca. 15–20 Minuten, bei niedriger Hitzezufuhr bei aufgelegtem Deckel, gar werden lassen.
Kurz vor dem Servieren mit Korianderblättern garnieren.

BHARTHA
AUBERGINENGEMÜSE

Die wärmeliebende Aubergine, deren Heimat u. a. auch Indien ist, wird heute in fast allen tropischen und subtropischen Gebieten der Erde angebaut. Selbst in gemäßigten Klimazonen – dort häufig auch unter Glas – wird die Pflanze kultiviert. Der kalorienarmen Gemüsefrucht wird in der Volksmedizin heilende Wirkung bei Rheuma und Nierenleiden zugeschrieben.

Zutaten für 4 Portionen
2–3 **Auberginen, ca. 600 g**, 5 EL **Pflanzenöl**
3–4 **Zwiebeln, ca. 500 g**, geschält und fein gehackt
1 EL frischer **Ingwer**, geputzt und gerieben
4 **Tomaten**, fein gehackt – siehe Tip, Seite 51
1/2 TL **Kurkumapulver**, 1/2 TL **Chilipulver**
1 TL **Salz**, 1/2 TL **Korianderpulver**
1/2 TL **Garam Masala**, Seite 22

Zum Garnieren
2 EL frische **Korianderblätter**, fein gehackt
2 cm frischer **Ingwer**, geputzt und in Streifen geschnitten

Zubereitung
1 Den Backofen auf 180°C vorheizen. Den Gasbackofen auf Stufe 2 einstellen. Auberginen waschen und in Alufolie einwickeln, auf ein Backblech legen und ca. 70 Minuten backen, bis sie weich sind. Alufolie evtl. durch doppelt gelegtes Pergamentpapier, leicht eingeölt und gut zugefalzt, ersetzen
2 Auberginen aus dem Backofen nehmen, Folie öffnen und die Eierfrüchte abkühlen lassen; dann die Haut abziehen und das Fruchtfleisch fein hacken.
3 Öl in einer Pfanne erhitzen, gehackte Zwiebeln zugeben und goldbraun anschwitzen. Ingwer zufügen, etwa 1/2 Minute weiterbraten.
4 Tomaten zugeben, alles umrühren. Bei zugedeckter Pfanne ca. 5 Minuten garen, aufpassen, daß nichts anbrennt.
5 Auberginenhack, Kurkuma, Chilipulver und Salz zufügen, gut verrühren und das Gemüse bei geringer Hitzezufuhr etwa 10–15 Minuten köcheln.
6 Zuletzt mit Korianderpulver und Garam Masala würzen, mit Korianderblättern und Ingwer garnieren und heiß servieren.

VANGYACHI BHAJI
AUBERGINENGEMÜSE IN KOKOSMILCH

Dieses Rezept stammt von den Küstenregionen. Dort wachsen viele Kokospalmen, deren Nüsse vielfältige Verwendung in der Küche finden. Die Kokosmilch verleiht den darin gegarten Auberginen einen zarten und feinen Geschmack.

Zutaten für 4 Portionen
- 2 Auberginen, ca. 800 g, quer in 1 cm dicke Scheiben geschnitten
- 1 TL Kurkumapulver, 1 TL Salz
- 3 EL Pflanzenöl
- 1 EL Butterschmalz oder Ghee, Seite 23
- 1 mittelgroße Zwiebel, fein gehackt
- 1 Knoblauchzehe, fein gehackt
- 1 grüne Chilischote, fein gehackt
- 1 TL frische Ingwerwurzel, geputzt und gerieben
- 250 ml Kokosmilch, Seite 18

Zum Garnieren
- 2 EL frische Korianderblätter, gehackt

Zubereitung

1 Die Auberginenscheiben auf einen Teller legen und von beiden Seiten mit Kurkuma und Salz einreiben. Ca. 10 Minuten ruhen lassen. So gewürzt nehmen die Scheiben beim Braten weniger Fett auf.

2 Öl in einer Pfanne erhitzen und die Auberginenscheiben auf beiden Seiten darin braten – nicht braun werden lassen. Auf Küchenkrepp legen.

3 Pfanne mit Küchenkrepp ausreiben und Butterschmalz darin erhitzen. Zwiebeln, Knoblauch, Chilischoten und Ingwer darin kurz anbraten. Kokosmilch zugießen, umrühren und zum Kochen bringen. Die Auberginen vorsichtig in die Sauce einlegen und auf schwacher Hitze köcheln lassen, bis die Sauce eingedickt ist.

Mit Korianderblättern garnieren und mit Reis oder Purees, Seite 72, servieren.

BHARLI VANGI
GEFÜLLTE AUBERGINEN

Für dieses Rezept eignen sich die kleinen violetten Auberginen am besten. Sie sind nur etwa 6–10 cm lang und schmecken sehr zart; man bekommt sie im Gemüsehandel und indischen Läden.

Zutaten für 4 Portionen
- 12 kleine Auberginen
- 4 EL Kokosraspel
- 1 1/2 EL heller Sesamsamen
- 1 EL heller Mohnsamen
- 1/2 TL Kurkuma
- 1/2 TL Chilipulver
- 1 TL Salz
- 1 TL Zucker
- 2 EL Black Masala, Seite 22
- 1 Prise Asafoetida, Seite 8
- 2 TL Tamarindenpaste, Seite 13, in 3 EL warmem Wasser aufgelöst
- 4 EL Pflanzenöl

Zum Garnieren
3 EL frischer Koriander, fein geschnitten

Zubereitung

1 Auberginen waschen; die Früchte bis fast zum Stielansatz kreuzweise einschneiden. Die grüne Rosette und den Stiel an den Auberginen belassen; Eierfrüchte in kaltes Wasser legen.

2 In einer großen beschichteten Pfanne Kokosraspel, Sesam und Mohn ohne Fett solange anrösten, bis die Kokosraspel hellbraun sind. Mischung aus der Pfanne nehmen, abkühlen lassen und fein mahlen.

3 Alle restlichen Gewürze – außer Tamarindensoße – mit den gemahlenen Zutaten vermischen.

4 Auberginen aus dem Wasser nehmen, abtropfen lassen und die Gewürzmischung – das Masala – in die Schlitze füllen.

5 Öl in der zuvor verwendeten Pfanne erhitzen. Die Auberginen nebeneinander in die Pfanne legen und bei mittlerer Hitzezufuhr eine Minute anbraten. Dann wenden und eine weitere Minute braten. Mit der Tamarindensoße übergießen und zugedeckt solange weiterköcheln, bis die Auberginen weich sind. Bei Bedarf etwas Wasser angießen – die Soße sollte sämig sein.

Mit Korianderblättchen garnieren und heiß zu Reis oder indischem Brot servieren.

VANGYACHE KAAP
AUBERGINEN, MIT KICHERERBSENMEHL PANIERT

Diese Zubereitung kenne ich aus Maharashtra, das ist das Bundesland im Westen des Subkontinents mit seiner Hauptstadt Bombay, die jetzt Mumbai heißt. Die panierten Eierfrüchte serviert man am besten mit Reis.

Zutaten für 2 Portionen
1–2 Auberginen, je nach Größe, quer in 1 cm dicke Scheiben geschnitten
2 TL Salz
4 EL Kichererbsenmehl (Besan)
1/2 TL Salz
1 TL Garam Masala, Seite 22
1/2 TL Chilipulver
1/2 TL Kurkumapulver
1 TL Kreuzkümmel, gemahlen
6 EL Pflanzenöl

Zubereitung
1 Die Auberginenscheiben auf Küchenkrepp legen, sehr große Scheiben halbieren, und auf beiden Seiten mit dem Salz bestreuen. 10–15 Minuten ruhen lassen.
2 Auf einem Teller das Kichererbsenmehl und die Gewürze zu einer Panade vermischen.
3 Das Öl in einer Pfanne heiß werden lassen. Die Auberginenscheiben mit Küchenkrepp abtupfen, in der Panade wälzen und in der Pfanne bei schwacher Hitze ausbacken bis sie goldbraun und weich sind.

Heiß servieren, mit Zitronensaft beträufeln und dazu Kadhi, Joghurtsoße, Seite 89 und Purees, Seite 72, reichen.

PALAK PANEER
SPINAT MIT INDISCHEM KÄSE

Paneer nimmt in der nordindischen Küche etwa den Stellenwert von Sojabohnenquark (Tofu) ein. Paneer kann im Kühlschrank 2–3 Tage frisch gehalten werden: in ein Gefäß legen, mit Wasser bedecken. Nach 12 Stunden jeweils das Wasser erneuern. Gerichte mit Paneer heiß servieren.

Zutaten für 4–6 Portionen
2 l Milch
6 EL Zitronensaft oder Essig
4 EL Pflanzenöl
200 g Zwiebeln, geschält und fein geschnitten
1 TL Kreuzkümmel, ganz
3–4 Tomaten, fein gehackt
1/2 TL Chilipulver
1/2 TL Kurkumapulver, 1 1/4 TL Salz
300 g frischer Spinat, fein gehackt
50 ml Sahne (Rahm), 1/2 TL Korianderpulver
1/2 TL Garam Masala, Seite 22

Zum Garnieren
2 cm frischer Ingwer, in Streifen geschnitten
1 Tomate, in Streifen geschnitten

Zubereitung
1 Paneer nach Grundrezept auf Seite 23 zubereiten und in 2 cm große Würfel schneiden.
2 Das Öl in einer Pfanne erhitzen. Zwiebeln und Kümmel zugeben und goldbraun anbraten. Tomaten zufügen, umrühren und zugedeckt ca. 5 Minuten kochen. Bitte aufpassen, daß nichts anbrennt.
3 Mit Chili-, Kurkumapulver und Salz würzen. Spinat, Paneer und Sahne zufügen, vorsichtig rühren, damit die Paneerstücke ganz bleiben. Zugedeckt bei niedriger Hitze ca. 10–15 Minuten köcheln lassen.
4 Zuletzt Korianderpulver und Garam Masala unterrühren, mit Tomaten und Ingwer garnieren. Heiß servieren.

PALAK ALOO MATTAR
SPINAT MIT KARTOFFELN UND ERBSEN

Dieses ist ein typisches Gericht aus Nordindien – dorther kommen alle Gerichte, die Spinat in der Zutatenliste enthalten. In Südindien wird anstatt Spinat *Methi* (Bockshornklee, siehe Seite 8) als Blattgemüse verwendet.

Zutaten für 4–6 Portionen
- 4 EL Pflanzenöl
- 200 g Zwiebeln, geschält und fein geschnitten
- 1 TL Kreuzkümmel, ganz
- 4–5 festkochende Kartoffeln, etwa 200 g, geschält und 1 1/2 cm große Würfel geschnitten
- 100 g TK-Erbsen oder frische Erbsen
- 4 EL Wasser
- 1/2 TL Kurkumapulver
- 1 1/4 TL Salz
- 1 1/2 grüne Chilischoten, fein gehackt
- 1 TL frischer Ingwer, geputzt und gehackt
- 300 g TK-Blattspinat oder frische Spinatblätter, fein gehackt
- 1/2 TL Garam Masala, Seite 22

Zubereitung
1 Das Öl in einer Pfanne heiß werden lassen. Die Zwiebeln und den Kreuzkümmel hineingeben und goldbraun anbraten.
2 Kartoffeln, Erbsen und Wasser zufügen und alles gut umrühren. Kurkumapulver, Salz, Chilischoten und Ingwer hineingeben, umrühren und zugedeckt, auf niedriger Hitze etwa 10–15 Minuten köcheln lassen. Bitte aufpassen, daß nichts anbrennt.
3 Spinat zugeben gut umrühren, zudecken und ca. 5 Minuten sanft weiterkochen bis die Kartoffeln gar sind.
Mit Garam Masala bestreuen und heiß servieren.

PALAK POORDA
SPINAT-PFANNKUCHEN

In Mittelasien gibt es eine wild vorkommende Spinatart – deshalb wird auch der Ursprung dort vermutet. Spinat besitzt einen hohen ernährungsphysiologischen Wert, er ist reich an lebenswichtigen Mineralstoffen, der Gehalt an Vitaminen schwankt je nach Sorte und Erntezeit.

Zutaten für 10 Pfannkuchen
- 150 g frischer Spinat, gewaschen, abgetropft und fein geschnitten oder TK-Blattspinat
- 150 g Kichererbsenmehl (Besan), gesiebt
- 25 g Weizenkleie
- 1/2 TL frischer Ingwer, geputzt und gerieben
- 2 grüne Chilischoten, fein geschnitten
- 1 TL Salz
- 1/2 TL Garam Masala, Seite 22
- 400 ml Wasser
- etwas Öl zum Braten

Zubereitung
1 Alle Zutaten in eine Schüssel geben und mit der Hand durchmischen, bis ein glatter Teig entsteht.

2 Eine Pfanne mit dickem Boden mit einem 1/2 TL Öl einfetten und erhitzen. Eine Suppenkelle voll Teig in die Pfanne geben, mit einer Spachtel zu einem Kreis von ca. 20 cm Durchmesser verteilen und ca. 1/2 Minute backen. Vorsichtig wenden und auf der anderen Seite ebenfalls hellbraun backen.

3 Den Vorgang wiederholen, bis der Teig verbraucht ist und alle Pfannkuchen gebacken sind.

Warm mit Joghurt und Pickles servieren.

PHOOL GOBI KI SABZI
BLUMENKOHLGEMÜSE

Indien ist der größte Produzent von Blumenkohl in Asien, der Subkontinent erzeugt ein Viertel der Weltproduktion. Dieses Rezept war stets eines der ersten, das von den Kochkursen Eingang in die heimische Küche fand und dort mit großem Erfolg zubereitet wurde.

Zutaten für 4 Portionen
- 1 mittelgroßer Bumenkohl
- 2 große Kartoffeln, 3 EL Pflanzenöl
- 1 Zwiebel, geschält und fein gehackt
- 1 TL Kreuzkümmel, ganz
- 1–2 EL Kokosraspel
- 3 cm frischer Ingwer, geputzt, fein gehackt
- 1 grüne Chilischote, fein gehackt
- 2–3 Tomaten, geschält und in Stückchen geschnitten
- 1/2 TL Kurkumapulver, 1 1/2 TL Salz
- 3–4 EL Wasser, 1 EL Zitronensaft
- 1 EL Korianderpulver

◁ Marktfrau in Nagpur, Maharashtra

Zubereitung

1 Blumenkohl zerteilen und waschen. Kartoffeln schälen und in kleine Würfel schneiden.

2 Das Öl einer Pfanne erhitzen, Zwiebeln darin glasig werden lassen. Kreuzkümmel und Kokosraspel dazugeben und kurz anbraten.

3 Ingwer, Chilischote, Tomatenstückchen, Kurkumapulver, Salz und Kartoffeln zufügen, umrühren und zugedeckt, bei niedriger Hitze, ca. 5 Minuten köcheln lassen. Falls erforderlich, etwas Wasser angießen.

4 Den Blumenkohl zugeben, alles gut umrühren und auf kleiner Hitze mit aufgelegtem Deckel in ca. 15–20 Minuten garen.

5 Mit Zitronensaft beträufeln und mit Korianderpulver bestreuen und heiß servieren.

Tip: Alle Gemüsegerichte schmecken feiner, wenn die Tomaten vollreif sind und vor der Verwendung geschält und entkernt werden.

BROCCOLI KI SABZI
BROCCOLI MIT FRÜHLINGSZWIEBELN

Dies ist kein traditionell indisches Rezept, da Broccoli in Indien unbekannt ist. Aber dieses Gemüse ist in Europa so weit verbreitet und beliebt, daß es schade wäre, ihm nicht auch einmal einen »indischen Touch« zu verleihen!

Zutaten für 4 Portionen
250 g Broccoli
1/2 Bund Frühlingszwiebeln
2 EL Sonnenblumenöl
1 TL frischer Ingwer, geputzt und gerieben
1 Knoblauchzehe, fein gehackt
1/2 TL Salz
1/4 TL Kurkumapulver
1 grüne Chilischote, fein gehackt
2 Tomaten, geschält und in Stückchen geschnitten

Zum Garnieren
1/2 TL Korianderpulver

Zubereitung
1 Broccoli zerteilen, waschen und abtropfen lassen. Die Frühlingszwiebeln putzen und fein schneiden.
2 Das Öl in einer Pfanne mit dickem Boden erhitzen, Ingwer und Knoblauch zugeben und kurz anbraten, Frühlingszwiebeln hinzufügen und glasig werden lassen.
3 Broccoli, Salz, Kurkumapulver, Chilischoten und Tomaten hineingeben, umrühren und zugedeckt bei niedriger Hitze ca. 5–7 Minuten garen.
Mit Korianderpulver bestreut servieren.

TANDOORI MASALA MATTAR
ERBSEN MIT TANDOORI MASALA

Tauscht man das Tandoori Masala gegen Garam Masala oder Koriander aus, so hat man im Handumdrehen ein neues Gericht. Sehr gut schmecken die Erbsen auch mit einem frischen Masala, hergestellt aus gehackten Chilischoten, Knoblauch und frischem Ingwer!

Zutaten für 4 Portionen
3 EL Ghee, Seite 23 oder Butterschmalz
1 TL Kreuzkümmel, ganz
3 festkochende Kartoffeln, geschält in kleine Würfel geschnitten
1/2 TL Kurkumapulver
1 TL Salz
1 TL Tandoori Masala, siehe Seite 13 (Fertigprodukt)
4–6 EL Wasser
300 g TK-Erbsen oder frische Erbsen
100 ml Sahne (Rahm)

Zum Garnieren
2 EL frische Korianderblätter, fein gehackt

Zubereitung
1 Ghee oder Butterschmalz in einem Topf heiß werden lassen. Kreuzkümmel dazugeben und eine 1/2 Minute anrösten.
2 Kartoffeln, Kurkumapulver, Salz, Tandoori Masala und Wasser hineingeben, umrühren und zugedeckt, auf niedriger Hitze ca. 5 Minuten köcheln lassen.
3 Die Erbsen und die Sahne zufügen und das Gemüse bei geringer Hitzezufuhr bei aufgelegtem Deckel in 15–20 Minuten garen. Evtl. 1–2 Eßlöffel Wasser nachgießen.
Mit Korianderblättern garnieren und heiß servieren.

KAJOO MATTAR SABZI
ERBSEN MIT CASHEWNÜSSEN

Dieses Rezept stammt aus Goa, dem Hauptanbaugebiet für Cashewnüsse in Indien. Cashewbäume können bis zu 10 m hoch werden; sie tragen die sogenannten Cashewäpfel, aus deren unterem, birnenförmig verdicktem Ende die Cashewnuß wächst. Um an den wohlschmeckenden Kern zu gelangen, wird die Nuß geröstet, damit die Schale entfernt werden kann (siehe Abb. Seite 93).

Zutaten für 4 Portionen
- 1 l Wasser
- 300 g TK-Erbsen oder frische Erbsen
- 2 EL Butterschmalz
- 1/2 TL schwarze Senfkörner
- 1 EL Curryblätter, frisch oder getrocknet
- 70 g Cashewnüsse
- 1 EL Zitronensaft
- 1/2 TL Salz, 1/2 TL Zucker
- 3 EL frische Kokosraspel
- 3 EL frische Korianderblätter

Zubereitung

1 In einem Topf ca. 1 Liter Wasser zum Kochen bringen, die Erbsen einstreuen, fünf Minuten blanchieren. In ein Sieb abgießen, mit kaltem Wasser abschrecken und zum Abtropfen zur Seite stellen.
2 Butterschmalz im Topf erhitzen. Die Senfkörner dazugeben, sobald sie anfangen zu platzen, die Curryblätter hineingeben und umrühren.
3 Die Cashewnüsse hinzufügen und kurz anrösten. Die Erbsen unterrühren und mit Zitronensaft, Salz und Zucker abschmecken. Kurz aufkochen lassen, mit den Kokosraspel und Korianderblättern bestreuen.
Heiß zu Zitronenreis, Seite 85, oder Chapatis servieren.

BHINDI KI SABZI
BABY-OKRAS

Beim Kauf von Okraschoten darauf achten, daß sie zart und knackig sind. Die Enden lassen sich dann leicht mit den Fingern abknipsen – ähnlich wie bei frischen grünen Bohnen. Ausgewachsene Schoten sind oft holzig. Nach dem Waschen die Schoten gut abtrocknen.

Zutaten für 4 Portionen
- 500 g Bhindi (Baby-Okras)
- 1 große Zwiebel
- 3 EL Pflanzenöl
- 1 TL Kreuzkümmel, ganz
- 1 TL frischer Ingwer, geputzt und fein gehackt
- 1 grüne Chilischote, fein gehackt
- 1/2 TL Kurkumapulver
- 1 TL Salz
- 1 TL Zitronensaft

Zum Garnieren
- 2 Tomaten, in Achtel geschnitten
- 2 EL Kokosraspel

Zubereitung

1 Baby-Okras gut waschen und auf Küchenkrepp abtrocknen. Stiele und Spitzen abschneiden und die Schoten längs halbieren.
2 Zwiebel schälen und in Streifen schneiden.
3 In einer Pfanne das Öl heiß werden lassen, Kreuzkümmel, Ingwer und Chilischoten dazugeben und ca. eine Minute anrösten. Die Zwiebeln zufügen und glasig werden lassen.
Baby-Okras, Kurkumapulver, Salz und Zitronensaft zufügen und alles gut umrühren. Auf kleiner Hitze zugedeckt dünsten.
4 Kurz vor dem Servieren mit Tomaten und Kokosraspel garnieren.

ALOO PHALIYAN
KARTOFFEL-BOHNEN-GEMÜSE

Die Bohnen zählen zu den Leguminosen, ihre Heimat sind die tropischen und subtropischen Wälder Mittel- und Südamerikas. Mit den Seefahrern gelangten sie erst nach Europa und später auch nach Indien. Nur die Puff-oder Saubohne soll in Zentral- und Südwestindien zuhause sein. Aus den getrockneten Bohnenkernen wird Mehl zum Backen gewonnen.

Zutaten für 4 Portionen
- 2 EL Pflanzenöl
- 1/2 TL Ajowan, siehe Seite 8
- 1/2 TL Sesamsamen
- 1/2 TL Kurkumapulver
- 1/2 TL Chilipulver
- 1 TL Salz, 2 TL Zitronensaft
- 3 Tomaten, fein geschnitten, Tip Seite 51
- 3 Kartoffeln, geschält und in kleine Würfel geschnitten
- 4–6 EL Wasser
- 300 g frische grüne Bohnen, in Stücke geschnitten
- 1 TL Korianderpulver, 1 EL Kokosraspel

Zubereitung

1 Das Öl in einer Pfanne erhitzen; Ajowan und Sesam dazugeben und kurz anrösten.

2 Kurkumapulver, Chilipulver, Salz, Zitronensaft sowie Tomaten mit den Kartoffelstückchen zugeben und alles gut umrühren. Das Wasser zugießen und das Gericht auf kleiner Hitze, zugedeckt, ca. 5 Minuten dünsten.

3 Bohnen zum vorgegarten Gemüse geben, gut miteinander vermischen und zugedeckt, in ca. 20 Minuten, gar werden lassen.

4 Korianderpulver darüberstreuen, mit Kokosraspel garnieren und heiß servieren.

BHARVA MIRCHI
GEFÜLLTE SPITZPAPRIKA

Die milden gefüllten Spitzpaprika eignen sich auch als Vorspeise: sie lassen sich gut vorbereiten und brauchen dann kurz vor dem Verzehr nur noch einmal erwärmt werden. Man kann auch einen Teil der Füllmasse, z. B. Erbsen und Mais ganz lassen – dann bekommen die *Bharva Mirchi* mehr Biß!

Zutaten für 4 Portionen
- 8–10 längliche italienische Spitzpaprika, grün oder gelb
- 100 g frische Erbsen oder blanchierte TK-Erbsen
- 100 g Maiskörner aus der Dose, abgetropft
- 80–100 g Cashewnüsse
- 2 kleine Karotten, geschält und gerieben
- 1 TL Korianderpulver
- 1 TL Salz
- 1/4 TL Kurkumapulver
- 1 EL Sonnenblumenöl zum Braten

Zubereitung

1 Die Paprikaschoten (Peperoni) längs halbieren, Stielansatz und Kerne entfernen.

2 In einem Mixer Erbsen, Mais und Nüsse pürieren, in eine Schüssel geben und mit den restlichen Zutaten gut vermengen. Die Füllung mit einem Löffel in die Hälften füllen.

3 Öl in einer beschichteten Pfanne erhitzen, die Hitzezufuhr auf kleine Stufe herunterschalten; die gefüllten Paprika in die Pfanne legen und zugedeckt ca. 15 Minuten garen.

Heiß mit Roti, Rezept Seite 71, oder Reis zum Beispiel Kesar Chawal, Rezept Seite 81, oder Masala Pulao, Rezept Seite 87, servieren.

ALOO MUNGPHALI BHAJI
KARTOFFELGEMÜSE MIT ERDNÜSSEN

Meine Großmutter und meine Mutter haben dieses Gemüse an ihren Fastentagen gegessen. Bei den Hindu heißt Fasten nicht »nichts« essen, sondern es werden nur bestimmte Speisen gegessen, die in der Familie überliefert sind. Die Fasttage werden frei gewählt, zumeist vor religiösen Feiertagen oder ein- bis zweimal unter der Woche.

Zutaten für 4 Portionen
- 4 mittelgroße Kartoffeln, in der Schale gekocht
- 2 EL Butterschmalz
- 1 TL Kreuzkümmel, ganz
- 1 grüne Chilischote, fein gehackt
- 1 TL frischer Ingwer, geputzt und gerieben
- 2 TL Zitronensaft
- 20 g ungesalzene Erdnüsse, grob zerdrückt
- 1 TL Salz
- 1 Prise Zucker

Zum Garnieren
- 2 EL frische Kokosraspel
- 1 EL frische Korianderblätter, gehackt

Zubereitung

1 Die Kartoffeln pellen und in Würfel schneiden.

2 In einer großen Pfanne das Butterschmalz erhitzen und den Kümmel zugeben. Sobald dieser zu platzen beginnt gehackte Chilischote und Ingwer hinzufügen und umrühren. Zitronensaft, Kartoffeln und Erdnüsse hineingeben, mit Salz und Zucker abschmecken und zugedeckt 5 Minuten auf kleiner Hitze dämpfen.

3 Mit Kokosraspel und Korianderblättern garnieren und mit Reis oder Purees servieren.

BUND GOBHI ALOO MATTAR
WEISSKOHL MIT KARTOFFELN UND ERBSEN

Bockshornkleesamen, siehe Seite 8, wird in Indien leicht angeröstet als Gewürz, die grünen Blätter als Gemüse verwendet. Man sagt dem Bockshornklee auch verschiedene medizinische Eigenschaften nach.

Zutaten für 6 Portionen
350 g Weißkohl, fein geschnitten
200 g Kartoffeln, geschält und in 1 1/2 cm große Würfel geschnitten
150 g frische Erbsen, 1 TL Salz
2 EL Essig, 4 EL Pflanzenöl
1/4 TL Bockshornklee, siehe Seite 8
1/2 TL Kreuzkümmel, ganz
1/4 TL Kurkumapulver, 1/2 TL Chilipulver
3/4 TL Salz
1 TL Korianderpulver
1/2 TL Garam Masala, Seite 22

Zum Garnieren
1 EL frische Korianderblätter, gehackt

Zubereitung

1 Weißkohl, Kartoffeln und Erbsen in einer Schüssel vermengen. Salz und Essig dazugeben, mit der Hand gut vermischen und ca. 10 Minuten marinieren. Dann in ein großes Sieb geben, unter kaltem fließenden Wasser gut waschen und abtropfen lassen.
2 Das Öl in einer Pfanne erhitzen; Bockshornklee und Kümmel darin eine 1/2 Minute anrösten.
3 Weißkohl-Mischung hineinschütten, Kurkumapulver, Chilipulver und den 1/2 Teelöffel Salz zugeben und umrühren. Zugedeckt, bei schwacher Hitze, in ca. 20 Minuten garen.
4 Korianderpulver und Garam Masala einrühren, das Gemüse mit Korianderblättern garnieren und heiß servieren.

ALOO MASALA
KARTOFFELGEMÜSE

In Europa mag es fremdartig erscheinen, Kartoffeln als Gemüsebeilage zu Brot zu essen, nicht wie gewohnt als Beilage zu Fleisch oder Fisch. Aber auch hier gilt: Probieren geht über studieren! In Indien wird dieses sehr beliebte Gericht »Puree Bhaji« genannt: Purees sind fritierte Brote und Bhaji bedeutet Gemüse. Übrigens schmeckt Aloo Masala auch ausgezeichnet mit Süßkartoffeln.

Zutaten für 4 Portionen
500 g Pellkartoffeln, festkochend
4–6 EL Pflanzenöl
1 EL schwarze Senfkörner
1 Zwiebel, geschält und in Streifen geschnitten
4 Curryblätter, siehe Seite 9
2 grüne Chilischoten, fein gehackt
1/2 TL Kurkumapulver
1 TL Kreuzkümmelpulver, 1/2 TL Salz
2 EL frische Korianderblätter, fein gehackt
2 EL Kokosflocken, Saft von einer 1/2 Zitrone

Zubereitung

1 Die Kartoffeln schälen, in Scheiben schneiden und beiseite legen.
2 Das Öl in einer Pfanne erhitzen und die Senfkörner darin anrösten, bis sie anfangen zu platzen. Die Zwiebeln hineingeben und goldbraun anbraten.
3 Curryblätter, Chilischoten, Kurkumapulver, Kümmelpulver und Salz dazugeben, umrühren und kurz anbraten.
4 Die Kartoffeln zufügen, alles gut mischen und ca. 10 Minuten weiterbraten.
5 Korianderblätter und Kokosflocken darüberstreuen, mit Zitronensaft abschmecken. Heiß servieren.

HÜLSEN-FRÜCHTE

Hülsenfrüchte spielen in der indischen Küche eine wichtige Rolle. Sie sind auch Ersatz für Gemüse, das zur Zeit des Monsuns spärlich auf den Markt kommt. Außerdem sind die Hülsenfrüchte ein wichtiger Proteinlieferant in der Ernährung der Vegetarier. Im Gegensatz zu den ungeschälten, ganzen Hülsenfrüchten werden die geschälten schneller gar, verlieren jedoch ihre Form beim Kochen und werden musig. Die geschälten, gespaltenen Hülsenfrüchte werden mit dem Zusatz »Dal« bezeichnet.

CHANA DAL ZUCCHINI
KICHERERBSEN MIT ZUCCHINI

Asafoetida, auch Asant genannt, ist ein Gewürz, das außerhalb Indiens kaum bekannt ist. Es wird aus den Wurzelstöcken des Riesenfenchels gewonnen.

Zutaten für 6 Portionen
- 200 g Chana Dal, siehe Seite 65
- 50 ml Pflanzenöl
- 1/2 TL schwarze Senfkörner
- 2–3 getrocknete rote Chilischoten
- 1 Msp Asafoetida, siehe Seite 8
- 3 Tomaten, gehäutet, fein gehackt
- 1 TL Tomatenpüree
- 100 g Zucchini geschält und geraspelt
- 1/2 TL Chilipulver
- 1/2 TL Kurkumapulver, 1 TL Salz
- 300 ml Wasser
- 1/2 TL Garam Masala, Seite 22
- 1/2 TL Korianderpulver

Zum Garnieren
- 2 EL frische Korianderblätter, fein gehackt

Vorhergehende Doppelseite:
Dadar Market in Mumbai (Bombay), Maharashtra

Zubereitung
1 Das Dal in einem Sieb unter kaltem fließenden Wasser solange waschen, bis das ablaufende Wasser klar bleibt. In eine Schüssel geben und soviel heißes Wasser angießen, daß die Kichererbsen mit 4–5 cm Wasser bedeckt sind. Über Nacht einweichen.
2 Das Dal in einem Sieb abtropfen lassen.
3 In einer tiefen Pfanne mit dickem Boden (am besten eine Eisenpfanne) das Öl erhitzen. Senfkörner und getrocknete rote Chilischoten dazugeben und anrösten, bis die Körner anfangen, zu platzen. Asafoetida zufügen und kurz mitrösten.
4 Die Tomaten, Tomatenpüree und geraspelte Zucchini zugeben, umrühren und zugedeckt, auf niedriger Hitze ca. 5 Minuten köcheln lassen. Gut aufpassen, daß nichts anbrennt.
5 Chilipulver, Kurkumapulver, Salz und Dal dazugeben und umrühren. Das Wasser zugießen und auf starker Hitze zum Kochen bringen. Dann die Hitze reduzieren, halb zugedeckt 20–30 Minuten köcheln lassen, bis das Dal weich ist. Die Feuchtigkeit muß dann verdampft sein.
6 Garam Masala und Korianderpulver einrühren und das Kichererbsengemüse mit Korianderblättern garnieren. Heiß servieren.

RAJMA
ROTE-KIDNEYBOHNEN-CURRY

Diese Art der Zubereitung von Kidney-Bohnen ist eine Spezialität des Punjab. In Europa findet man das Gericht auf fast allen Speisekarten Indischer Restaurants.

Zutaten für 4 Portionen
- 200 g Rajma – Rote Kidney Bohnen, Seite 65
- 1 l Wasser
- 50 ml Pflanzenöl
- 1 Zimtstange, in 3–4 Stücke gebrochen
- 2 Zwiebeln, geschält und fein gehackt
- 4 Tomaten, gehäutet, fein gehackt
- 1 1/2 TL frischer Ingwer, geputzt und gerieben
- 1/2 TL Chilipulver
- 1/2 TL Kurkumapulver
- 1 1/4 TL Salz
- 1 TL Korianderpulver
- 1/2 TL Garam Masala, Seite 22

Zum Garnieren
- 2 cm frischer Ingwer, geputzt und in Streifen geschnitten
- 2 EL frische Korianderblätter, fein gehackt

Zubereitung

1 Rajma in einem Sieb unter warmem Wasser solange waschen, bis das ablaufende Wasser klar bleibt. In eine Schüssel geben und soviel heißes Wasser angießen, daß die Bohnen mit ca. 4–5 cm Wasser bedeckt ist. Über Nacht einweichen.

2 Das Rajma in einem Sieb abtropfen lassen.

3 Rajma in einem schweren Topf mit einem Liter Wasser auf starker Hitze zum Kochen bringen. Dann die Hitze reduzieren und halb zugedeckt ca. 1 Stunde köcheln lassen, bis das Dal weich ist.

4 In einem anderen Topf das Öl heiß werden lassen, die Zimtstange dazugeben und eine Minute anrösten. Zwiebeln darin goldbraun anbraten.

5 Tomaten und Ingwer zugeben, umrühren und zugedeckt auf niedriger Hitze ca. 5 Minuten schmoren lassen.

6 Chilipulver, Kurkumapulver und Salz zufügen, umrühren und noch 1 Minute weiter schmoren.

7 Das gekochte Rajma mit seiner Flüssigkeit dazugießen und das Bohnen-Curry halb zugedeckt, auf kleiner Hitze 10–15 Minuten köcheln lassen.

8 Korianderpulver sowie Garam Masala einrühren, mit Korianderblättern und Ingwer garnieren, heiß mit einfachem Reis servieren.

VAAL NI DAL DAKHOO
HELMBOHNEN-SOSSE

Lebensmittelladen in Mumbai, ehemals Bombay (Bundesstaat Maharashtra)

Vaal wird in Gujarat, dieses ist ein Bundesstaat im Westen Indiens, besonders gern kurz nach der Ernte gegessen – da sind die Bohnen noch frisch und weich und deshalb schnell gar. Sada Chawal, Rezept Seite 80, paßt gut dazu.

Zutaten für 4 Portionen
- 100 g Vaal Dal, (gespaltene Helmbohne), Seite 64
- 1 1/4 l Wasser
- 3 Tomaten, gehäutet, fein geschnitten
- 1 TL Fenchelsamen
- 1 TL Salz, 1 TL Zucker
- 1/2 TL Kurkumapulver
- 1/2 TL Chilipulver
- Saft von einer 1/2 Zitrone
- 2 EL Pflanzenöl
- 1/8 TL Kreuzkümmel, ganz
- 1/8 TL schwarze Senfkörner
- 1/8 TL Bockshornklee, siehe Seite 8
- 1 Msp Asafoetida, siehe Seite 8

Zum Garnieren
1 EL frische Korianderblätter, fein gehackt

Zubereitung

1 Dal in einem Sieb unter fließendem kalten Wasser waschen, bis das Wasser klar bleibt. In einer Schüssel mit soviel heißem Wasser angießen, bis es mit 5 cm Wasser bedeckt ist; über Nacht einweichen.
2 Das Vaal Dal in einem Sieb abtropfen lassen.
3 In einem Topf Dal und 1 1/4 Liter Wasser zum Kochen bringen. Dann die Hitze reduzieren und die Hülsenfrüchte halb zugedeckt ca. 1 Stunde köcheln lassen, bis das Dal weich ist.
4 Tomaten zufügen und ca. 5 Minuten weiterköcheln, abkühlen lassen. Die Vaal-Dal-Mischung in den Mixer gießen, weitere Zutaten einschließlich Zitronensaft zugeben und alles gut pürieren.
5 In einem anderen Topf das Öl erhitzen, Gewürze zufügen, anrösten, bis die Körner zu platzen beginnen. Asafoetida dazugeben und kurz anbräunen.
6 Die Dal-Mischung dazugießen und auf starker Hitze zum Kochen bringen. Das Ganze muß dann unter ständigem Rühren – damit nichts am Topfboden anhaftet – weitere 1–2 Minuten köcheln.
7 Alles in eine Schüssel füllen, mit Korianderblättern garnieren und zu Reis servieren.

GUJRATI TOOR DAL
LINSENSOSSE

Frische Korianderblättchen begleiten die meisten indischen Rezepte, Das vitaminreiche Kraut hat einen ganz speziellen Geschmack – frisch, grün und etwas gewöhnungsbedürftig. Wer es einmal lieben gelernt hat, wird nur ungern auf seine Würze verzichten.

Zutaten für 4 Portionen
100 g Toor Dal (enthülste, gespaltene Straucherbse), Seite 65
1 l Wasser
3–4 Tomaten, gehäutet, fein gehackt
1 TL Salz
2 TL brauner Zucker (Rohrzucker)
1/2 TL Chilipulver
1/4 TL Kurkumapulver
1 TL Tomatenpüree, 1 TL Korianderpulver
Saft von einer 1/2 Zitrone
2 EL Pflanzenöl
1/8 TL Kreuzkümmel, ganz
1/8 TL schwarze Senfkörner
2 getrocknete rote Chilischoten
1/8 TL Bockshornklee, siehe Seite 8
1 Msp Asafoetida, siehe Seite 8
3–4 Curryblätter, siehe Seite 9

Zum Garnieren
2 EL frische Korianderblätter, fein gehackt

Zubereitung
1 Dal in ein großes Sieb geben und solange unter fließendem kalten Wasser waschen, bis das ablaufende Wasser klar bleibt.
2 In einem großen Topf mit dickem Boden Dal und Wasser bei starker Hitzezufuhr zum Kochen bringen. Die Temperatur reduzieren, den Topf zur Hälfte zudecken und das Dal ca. 30 Minuten köcheln lassen, bis es weich ist.

Opfergaben für den Tempel Coimbatore, Tamil Nadu

3 Tomaten und Dal zufügen ca. 5 Minuten weiter köcheln lassen. Vom Herd nehmen und abkühlen lassen. Dal-Mischung in den Mixer geben und pürieren. Salz, Zucker, Chilipulver, Kurkumapulver, Tomatenpüree, Korianderpulver und Zitronensaft dazugeben und alles gut umrühren.
4 In einem anderen Topf das Öl erhitzen, dann Kreuzkümmel, Senfkörner, getrocknete rote Chilischoten und Bockshornklee zufügen und anrösten, bis die Körner zu platzen beginnen. Asafoetida und Curryblätter dazugeben und kurz anbräunen.
5 Dal-Mischung dazugießen und auf starker Hitze zum Kochen bringen. Das Ganze muß unter ständigem Rühren – damit nichts anbrennt – weitere 1–2 Minuten kochen. Den Topfinhalt in eine Schüssel füllen, mit Korianderblättern garnieren.
Heiß zu einfachem Reis oder Paratha, Rezept Seite 74 servieren.

DIE HÜLSENFRÜCHTE

**Obere Reihe
von links nach rechts:**
Moong (Mung) – Mungbohne,
Vaal Dal – Helmbohne, enthülst
und gespalten; Toor –
Straucherbse; Rajma – rote
Kidneybohne; Chana Dal –
Kichererbse, enthülst und
gespalten

**Mittlere Reihe
von links nach rechts:**
Urad Dal – Urdbohne, enthülst
und gespalten; Chana –
Kichererbse, ganz; Vaal –
Helmbohne; Toor Dal –
Straucherbse, enthülst und
gespalten; Chora – Augenbohne

**Untere Reihe
von links nach rechts:**
Urad – Urdbohne; Moong (Mung)
Dal – Mungbohne, enthülst und
gespalten; Moth – Mattenbohne;
Kabli Chana – Kichererbse;
Red Chori – Adzukibohne

VARAAN
STRAUCHERBSEN-MUS

Varaan Bhat, das ist Reis mit Varaan, ist ein sehr mildes Gericht, das auch Kinder gut essen können. Kombiniert mit einem Tomatensalat mit Erdnüssen, Rezept Seite 40, und angerösteten Papads ergibt das eine komplette Mahlzeit.

Zutaten für 2 Portionen, als Beilage für 4 Portionen
- 50 g Toor Dal (enthülste gespaltene Straucherbse), Seite 65, gewaschen und abgetropft
- 1 TL Salz
- 1/2 TL Kurkumapulver
- 1 Msp Asafoetida, Seite 8
- 1/2 TL Zucker
- 200 ml Wasser
- 1–2 TL Butterschmalz oder Ghee, Seite 23

Zubereitung

1 Das vorbereitete Dal zusammen mit dem Salz, Kurkumapulver, Asafoetida und Zucker in einen Topf geben und mit dem Wasser aufgießen. Gelegentlich umrühren; bei mittlerer Hitze in 25 bis 30 Minuten weich kochen.
2 Mit dem Stabmixer pürieren, das Butterschmalz oder Ghee unterziehen und die Masse nochmals aufkochen. Dazu einen einfachen Reis servieren.

KABLI CHANA
KICHERERBSEN-CURRY

In Indien wird dieses Gericht auch mit frischen Kichererbsen zubereitet. Die Erntezeit beginnt im Oktober und geht bis zum Jahresende. Die grünen Kichererbsen sind immer paarweise in der Schote, sie müssen erst geschält werden, bevor man sie verwenden kann.

Zutaten für 4 Portionen
- 200 g Chana (Kichererbsen), siehe Seite 64
- 1 l Wasser
- 50 ml Pflanzenöl
- 1 Zimtstange, in 3–4 Stücke gebrochen
- 3–4 Kardamomkapseln
- 2 Zwiebeln, geschält und fein gehackt
- 4–5 Tomaten, geschält, entkernt, fein geschnitten
- 1 1/2 TL frischer Ingwer, geputzt und gerieben
- 1/2 TL Chilipulver, 1/2 TL Kurkumapulver
- 1 1/4 TL Salz
- 1 TL Korianderpulver, 1/2 TL Garam Masala, S. 22

Zum Garnieren
2 EL frische Korianderblätter, fein gehackt, 2 cm frischer Ingwer, geputzt, in Streifen geschnitten

Zubereitung

1 Chanas in einem Sieb unter warmem fließenden Wasser waschen, bis das Wasser klar bleibt. In eine Schüssel geben und soviel heißes Wasser angießen, daß sie mit 5 cm Wasser bedeckt sind. Über Nacht einweichen.
2 Die Kichererbsen in einem Sieb abtropfen lassen.
3 In einem Topf mit Wasser rasch zum Kochen bringen. Die Hitze reduzieren, Chanas halb zugedeckt ca. 1 1/2 Stunden weichköcheln.
4 In einem anderen Topf Öl erhitzen, Zimtstange und Kardamom zugeben und eine 1/2 Minute anrösten. Zwiebeln zufügen und goldbraun anbraten.
5 Tomaten und Ingwer zugeben, umrühren und zugedeckt, 5–8 Minuten köcheln lassen.
6 Chilipulver, Kurkumapulver und Salz hineinrühren und eine weitere Minute köcheln lassen.
7 Die Chanas mitsamt der Flüssigkeit zugießen und halb zugedeckt auf kleiner Hitze ca. 20 Minuten weiter köcheln.
8 Korianderpulver und Garam Masala einrühren, mit Korianderblättern und Ingwer garnieren.

MOONG KI DAL
GELBES-MUNGBOHNEN-CURRY

Dieses ist ein einfaches Dal-Rezept, das schnell zubereitet und rasch gar ist. Besonders lecker ist sein nußartiger Geschmack.

Zutaten für 4 Portionen
- 150 g Moong (Mung) Dal, siehe Seite 64
- 500 ml Wasser
- 50 g Ghee, Seite 23 oder Butterschmalz
- 1 TL Kreuzkümmel
- 1 Zimtstange, in 3–4 Stücke gebrochen
- 1 Zwiebel, geschält, fein geschnitten
- 2 Tomaten, geschält, entkernt und gehackt
- 1 grüne Chilischote, fein gehackt
- 1/2 TL frischer Ingwer, geputzt und gerieben
- 1/2 Knoblauchzehe, geschält und zerdrückt
- 1/2 TL Salz, 1/4 TL Kurkumapulver
- 1/2 TL Garam Masala, Seite 22

Zum Garnieren
- 2 EL frische Korianderblätter, fein gehackt

Zubereitung

1 Dal in einem Sieb solange mit kaltem Wasser waschen, bis das ablaufende Wasser klar bleibt.

2 In einem großen Topf Wasser und Dal zum Kochen bringen, die Hitze reduzieren, halb zugedeckt ca. 20 Minuten köcheln lassen, bis das Dal weich ist.

3 In einem anderen Topf Ghee oder Butterschmalz heiß werden lassen, Kümmel und Zimt dazugeben und eine 1/2 Minute anrösten. Zwiebeln hineingeben und goldbraun anbraten.

4 Tomaten, gehackte Chilischote, Ingwer, Knoblauch, Salz und Kurkumapulver hinzufügen, gut umrühren und zugedeckt ca. 5 Minuten anbraten. Zwischendurch umrühren, damit nichts anbrennt.

5 Das gekochte Dal mit seiner Flüssigkeit zugießen, gut umrühren und 3–5 Minuten weiterkochen.

6 Garam Masala einrühren, mit Korianderblättern garnieren und heiß servieren.

Dieses Gericht paßt gut zu Zitronenreis, Rezept Seite 85, oder Mackki Paratha, Rezept Seite 76 sowie Vegetable Raita, Rezept Seite 39.

DAS TÄGLICHE BROT

Indisches Brot wird für jede Mahlzeit frisch zubereitet und möglichst heiß serviert. Die Zubereitungsarten sind vielfältig, das Brot kann gebacken, fritiert oder gebraten werden. In allen Fällen ist es wichtig, daß der Teig gut geknetet wurde. Man kann den Teig auch mehrere Stunden im voraus zubereiten, muß ihn dann aber vor Gebrauch nochmals durchkneten. Ebenso vielfältig wie die Zubereitungsarten sind die Schreibweisen. So wird Puri, einmal Poori, ein andermal Puree geschrieben, je nachdem durch welche Sprache das Wort zu uns gelangt ist.

Mädchen aus Südindien

Im Pandschab, der Kornkammer Indiens, im Nordwesten gelegen, wird viel Brot in verschiedenen Zubereitungsarten gegessen, u. a. das Naan, ein gesäuertes Brot, das mit Joghurt zubereitet wird. Zum Backen braucht man jedoch den typischen Tandoori-Ofen (siehe auch Seite 13), weshalb wir auf ein Rezept verzichtet haben.
In der Mitte Indiens hält sich der Verzehr von Brot und Reis die Waage: zuerst ißt man einige Chapatis, dann eine Portion Reis. Im Süden des Subkontinents wird hauptsächlich Reis gegessen.
Parathas sind die edleren Chapatis, Rezept auf Seite 74/75 Parathas kann man sehr gut füllen: dazu rollt man beim letzten Arbeitsgang das Paratha etwas kleiner aus, gibt einen Eßlöffel Füllung darauf und zieht den Teig vorsichtig über die Füllung, sodaß eine Kugel entsteht. Die Teigenden werden zusammengedreht, damit keine Füllung auslaufen kann. Die Kugeln vorsichtig flachdrücken und zur üblichen Größe ausrollen. Zur Füllung eignen sich gekochte Kartoffeln, gewürzt mit Salz, Kreuzkümmel und gehackten Chilischoten, gewürztes Maismehl oder gewürzter, frisch geraspelter Rettich, Rezepte ab Seite 76.
Für ungeübte Brotbäcker empfehlen wir zum Einstieg das Rezept auf Seite 72: Purees. Diese sind relativ einfach zuzubereiten, man muß sie nicht so dünn und groß auswellen und sieht sofort nach dem Untertauchen ins heiße Fett, wie sich die Purees zu Kugeln aufblähen.
Der in den Rezepten erwähnte Karhai ist ein indischer Fritiertopf. Weil er wie eine Halbkugel geformt ist, benötigt man zum Fritieren nur kleine Mengen Öl, siehe auch Seite 31.
Versuchen Sie einmal Purees, Rotis oder Parathas so zu essen, wie es die Inder tun: man legt das Brot gefaltet auf den Tellerrand, hält ein Stück mit dem Zeigefinger der rechten Hand fest und reißt mit dem Daumen und Mittelfinger ein Stück ab. Mit diesem umfaßt man etwas Gemüse oder tunkt es in Soße ein und führt es zum Mund. Sie werden erleben, daß das Brot jetzt noch besser schmeckt Auch Brotreste können noch zu einer leckeren Mahlzeit werden: Übriggebliebene Rotis, Rezept auf Seite 71, in kleine Stücke reißen. Öl in einer Pfanne erhitzen, etwas Kreuzkümmel darin zart anrösten. Gehackte Chilischoten, und Zwiebelwürfel sowie Kurkumapulver zugeben und alles goldbraun braten. Eine Handvoll Erbsen zugeben, etwa 2 Minuten unter Rühren braten.
Dann Tomatenstückchen und Brot zugeben, mit Zitronensaft, Salz und einer Prise Zucker würzen. Gegebenenfalls etwa Flüssigkeit zugeben und das Gericht auf kleiner Hitze garen.
Vor dem Servieren mit Kokosraspel und Korianderblättchen überstreuen.

Vorhergehende Doppelseite: Mount Abu, Rajasthan

ROTI / CHAPATI
GEBRATENES BROT

Diese Brotfladen werden im Norden Indiens »Roti«, im Westen »Chapati« genannt. Es handelt sich immer um ein pfannkuchendünnes, ohne Fett gebratenes Brot (siehe Abbildung, Seite 73, links).

Zutaten für 10–15 Stück
250 g Atta* oder 1400 Weizenmehl, Typ 1050 oder mit 10 % Weizenkleieanteil
1 Prise Salz
1 EL Pflanzenöl
125 ml (ca.) warmes Wasser
etwas Ghee, Seite 23 oder Butter zum Bestreichen

Zubereitung
1 Mehl, Salz und Öl in eine tiefe Schüssel geben und zwischen den Fingerspitzen verreiben. Wasser hineingeben und kräftig kneten, bis der Teig sich zu einem festen Ball formen läßt.

2 Die Hände mit etwas Öl anfetten und den Teig ca. 10 Minuten kneten, bis er geschmeidig ist. Den Teig wieder zu einem Ball formen, in eine Schüssel legen, mit einem feuchten Küchentuch zudecken und ca. eine 1/2 Stunde ruhen lassen.

3 Aus dem Teig 10–15 leicht abgeflachte Bällchen formen. Jeweils ein Bällchen auf eine dünn bemehlte Holzfläche legen und mit dem Wellholz zu einer großen Teigplatte (Durchmesser ca. 15 cm) ausrollen.

4 Eine Pfanne mit schwerem Boden erhitzen, das Roti ohne Fett hineingeben. 30 Sekunden backen, bis die Oberseite leichte Blasen zeigt. Das Roti umdrehen und den Rand und die Löcher, aus denen der Dampf entweicht, mit Hilfe von Küchenkrepp zuhalten. Mit etwas Übung blähen sich die

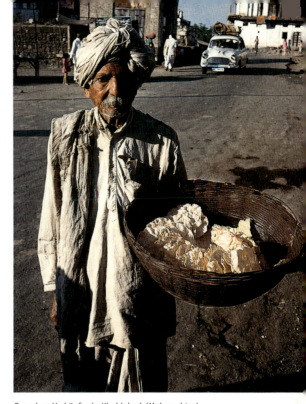

Papadam-Verkäufer in Khuldabad (Maharashtra)

Rotis zu einer Halbkugel auf. Nach nochmaligem Wenden bekommt das Roti leicht braune Stellen und ist fertig.

5 Die fertigen Rotis auf einen Servierteller stapeln und jedes mit 1/4 Teelöffel Ghee oder Butter bestreichen. Dieser Vorgang wird solange wiederholt, bis alle Rotis gebacken sind.

---

* Informationen zum Mehl, siehe Seite 16

PUREES
FRITIERTES BROT

Zu einem nordindischen Frühstück gehören Purees mit Kartoffelgemüse (Aloo Masala, Seite 57). Auf einem »Gujarati Thali« dürfen sie nicht fehlen: Gujarati meint eine wohlhabende Mittelschicht, die im Nordwesten Indiens, im Gujarat, anzutreffen ist und »Gujarati Thali« ist ein großer Metallteller oder ein Metalltablett auf dem die Speisen in kleinen Schüsseln mit Purees zusammen serviert werden (siehe Abbildung Seite 73, unten rechts).

Zutaten
250 g   Atta* oder Weizenmehl, Typ 1050 oder 1400 mit 10 % Weizenkleieanteil
 50 g   Weizengrieß, siehe Seite 19
1/4 TL Salz, 30 g Butter
140 ml (ca.) warme Milch
Pflanzenöl zum Fritieren

Zubereitung

1 Atta, Grieß, Salz und Butter in eine tiefe Schüssel geben und zwischen den Fingerspitzen verreiben. In die Mitte eine Vertiefung drücken, ca. 100 ml warme Milch hineingießen und unter die Atta-Grieß-Mischung rühren. Löffelweise warme Milch kräftig einkneten. Nur so viel Milch verarbeiten, bis der Teig zu einem festen Ball geformt werden kann.

2 Die Hände mit Butter anfetten, den Teig auf die Arbeitsplatte legen und kneten, bis er geschmeidig ist. Den Teig wieder zu einem Ball formen, in eine Schüssel legen, mit einem feuchten Küchentuch zudecken und dann ca. eine 1/2 Stunde ruhen lassen.

3 Den Teig in walnußgroße Bällchen teilen. Jedes Bällchen auf der Arbeitsplatte mit dem Wellholz zu einer Teigplatte von ca. 10 cm Durchmesser ausrollen. Damit der Teig beim Auswellen nicht klebt, etwas Öl auf die Arbeitsplatte tupfen. Die fertigen Purees auf ein Küchentuch legen und mit einem zweiten angefeuchteten Tuch zudecken.

4 Ca. 3/4 l Öl in einem Karhai (siehe Seite 31) oder Fritiertopf erhitzen. Ein Puree in das heiße Öl gleiten lassen, mit einem Schaumlöffel tief in das Öl tauchen, dann das Puree sooft wenden, bis es auf beiden Seiten goldbraun ist, herausnehmen und auf Küchenkrepp abtropfen lassen. Nacheinander alle Purees ausbacken.
Warmhalten und schnell verzehren.

* Informationen zum Mehl, siehe Seite 16

MASALA PUREES
GEWÜRZTES FLADENBROT

Abbildung, von links nach rechts: Roti, Rezept Seite 71; daneben Paratha, Rezept Seite 74; unten Purees, Rezept Seite 72

Purees werden in Indien nicht nur im Norden und Nordwesten geschätzt, auch in Bengalen und Südindien sind sie beliebt. Da im Süden insgesamt schärfer gegessen wird, kann man die Menge der Chilischoten noch erhöhen. Vorsicht beim Umgang mit Chilischoten: Nicht in die Augen fassen und die Hände immer sehr gründlich waschen!

Zutaten für ca. 12 Stück

150 g	Atta* oder Weizenmehl Typ 1050 oder 1400 mit 10 % Weizenkleieanteil
2 EL	frische Korianderblätter, fein gehackt
1–2	grüne Chilischoten, fein gehackt
1/2 TL	schwarzer Pfeffer, gemahlen
1/4 TL	Kreuzkümmel, mit dem Wellholz grob zerstoßen
1/4 TL	Salz
1 EL	Butterschmalz oder Ghee, Seite 23
50 ml	(ca.) lauwarmes Wasser
3/4 l	Sonnenblumenöl zum Fritieren

* Informationen zum Mehl, Seite 16

Zubereitung

1 Alle Zutaten außer Wasser in eine Schüssel geben und mit den Fingerspitzen verreiben. Das Wasser nach und nach angießen, anschließend die Masse kräftig kneten, bis der Teig zu einem festen Ball wird.

2 Die Hände mit etwas Butter anfetten und den Teig so lange weiterkneten, bis er geschmeidig ist. Den Teig wieder zu einem Ball formen, in die Schüssel legen und mit einem feuchten Küchentuch zugedeckt 30 Minuten ruhen lassen.

3 Den Teig in walnußgroße Bällchen teilen und diese zu Teigplatten von ca. 8–10 cm Durchmesser ausrollen. Damit der Teig beim Auswellen nicht klebt, etwas Öl auf die Arbeitsplatte tupfen. Die ausgerollten Purees auf ein Küchentuch legen und mit einem zweiten angefeuchteten Tuch zudecken.

4 Das Öl in einem Karhai (siehe Seite 31) oder Fritiertopf erhitzen. Weiter verfahren wie nebenstehend unter 4, Rezept Purees, angegeben. Warm zu Kaffee oder Tee servieren.

Mandeln in Vadodara (Baroda), Gujarat

GHARGE
KÜRBIS-PUREES

Kürbis-Purees sind eine interessante Beilage zu Gemüsegerichten, sie eignen sich außerdem als kleiner Snack oder anstatt Brot als Beilage.

Zutaten für etwa ca 25–30 Stück
250 g   Kürbisfleisch, geschält, entkernt, in Würfel geschnitten
100 g   Jaggery, Seite 16 oder Rohrzucker
   1 TL Pflanzenöl
250 g   Atta oder Weizenmehl Typ 1700
3/4 l   Pflanzenöl zum Ausbacken

Zubereitung
1 Kürbiswürfel mit Zucker etwa 15 Minuten garen, abkühlen lassen; evtl. etwas abtropfen lassen.
2 Öl und Mehl unterarbeiten – sollte der Teig noch zu weich sein, etwas mehr Mehl unterkneten es soll eine Art Nudelteig entstehen. Daraus kleine Bällchen formen und mit wenig Öl auswellen.
3 Öl in einem Karhai, Seite 31 oder einem Fritiertopf erhitzen und die Purees nacheinander ausbacken. Warm servieren.

PARATHA
GEBRATENES BROT

Parathas sind gehaltvollere Chapatis: durch die besondere Falttechnik wird schichtweise Ghee in den Teig eingearbeitet, der beim Backen sein Aroma abgibt. Außerdem entsteht durch den Ghee beim Backen an der Außenseite eine wunderbar würzige Kruste.

Zutaten für 8 Stück
400 g   Atta oder Weizenmehl Typ 1050 oder 1400 mit 10 % Weizenkleieanteil
 1/2 TL Salz
   2 TL zerlassene Butter
200 ml (ca.) lauwarme Milch
Ghee, Seite 23, zum Bestreichen

Zubereitung
1 Atta, Salz und Butter in eine tiefe Schüssel geben und zwischen den Fingerspitzen verreiben. Ca. 100 ml Milch hineingießen und unter das Atta rühren. Löffelweise weitere Milch zugeben und nach jeder Zugabe kräftig kneten. Nur so viel Milch verarbeiten, bis der Teig zu einem festen Ball geformt werden kann.
2 Die Hände mit etwas Butter anfetten und den Teig so lange weiterkneten, bis er geschmeidig ist. Den Teig wieder zu einem Ball formen, in eine Schüssel legen, mit einem feuchten Küchentuch zudecken und ca. eine 1/2 Stunde ruhen lassen.
3 Den Teig in 8 leicht abgeflachte Bällchen formen. Damit die Parathas beim Backen aufgehen und locker werden, ist eine besondere Falttechnik nötig: Auf einer leicht bemehlten Arbeitsplatte ein Teigbällchen mit dem Wellholz zu einer Teigplatte von ca. 18 cm ⌀ ausrollen (Abb. 1). Nun zuerst die ausgerollte Oberfläche leicht mit Ghee bestreichen (Abb. 2), dann mit einem halben Teelöffel Mehl bestäuben (Abb. 3). Ein Drittel der Teigplatte zur Mitte falten (Abb. 4).Anschließend

den umgefalteten Teil wieder mit Ghee und Mehl behandeln. Das zweite Drittel über das erste falten, so daß ein Streifen mit 3 Lagen entsteht. Die Oberseite wieder mit Ghee und Mehl behandeln. Nun von der Schmalseite erneut ein Drittel zur Mitte falten, das Zweite über das Erste legen, so daß ein Teigpäckchen mit 9 Lagen entsteht (Abb. 5). Dieses wird zuletzt zu einer Teigplatte von 15 cm Durchmesser ausgerollt (Abb. 6).

4 Eine Eisenpfanne ohne Fett erhitzen, das Paratha hineinlegen und mit Hilfe eines Holzspatels ca. 1 Minute lang hin- und herschieben bis es leicht braun ist. Mit einem Spachtel wenden, die Oberseite mit einem Teelöffel Ghee bestreichen, nochmals wenden, wieder mit einem Teelöffel Ghee bestreichen, so lange braten, bis beide Seiten goldbraun sind.

Diesen Vorgang solange wiederholen, bis alle Parathas gebacken sind.

Küche eines Brahmanenhaushalts in Pune, Maharashtra

MACKKI PARATHA
FLADENBROT MIT MAISFÜLLUNG

Dieses einfach gefüllte Paratha harmoniert geschmacklich sehr gut mit Spinatgemüse, wie zum Beispiel Palak Paneer auf Rezept, Seite 48 oder Palak Aloo Mattar, Rezept, Seite 49.

Zutaten für 8 Stück
Füllung
250 ml Wasser
100 g feines Maismehl
   1 TL Ajowan, Seite 8, gemahlen
1/2 TL Salz

Teig
150 g Dinkelmehl
150 g Atta* oder Weizenmehl Typ 1050 oder 1400 mit 10% Weizenkleieanteil
   1 Prise Salz
   1 EL Sonnenblumenöl
150 ml (ca.) warmes Wasser
Butter zum Bestreichen

* Informationen zum Mehl, Seite 16

Zubereitung
1 Das Wasser in einem Topf zum Kochen bringen, die Hitze reduzieren, Maismehl, Ajowan und Salz hinzufügen, alles gut durchrühren bis ein Teig entsteht. Den Teigkloß herausnehmen und abkühlen lassen. Aus der Masse 8 Kügelchen formen.
2 In einer Schüssel beide Mehlsorten, Salz und Öl miteinander gut vermischen. Wasser nach und nach zugießen und alles zu einer glatten Masse verarbeiten. Aus dem Teig 8 Kugeln formen.
3 Auf einem mit Mehl bestäubten Holzbrett jeweils eine Teigkugel zu einer Teigplatte mit 12 cm Durchmesser ausrollen, in die Mitte eine Maiskugel legen, die Teigränder darüberfalten und fest zusammendrücken. Dann das gefüllte Bällchen vorsichtig zu einer Teigplatte von 18 cm ⌀ ausrollen.
4 Eine Eisenpfanne bei mittlerer Hitzezufuhr erhitzen. Das Paratha hineinlegen, nur kurz, etwa 45 Sekunden backen, mit einem Spachtel umdrehen und die andere Seite ebenso backen. Das gebackene Paratha mit Butter bestreichen, auf einen Teller stapeln und warm halten.

Alle Parathas auf diese Weise zubereiten. Warm mit Joghurt oder als Beilage zu einem Gemüse- oder Dalgericht servieren.

MOLEE PARATHA
FLADENBROT MIT RETTICH-FÜLLUNG

In dieser Form haben Sie ihren Rettich oder Ihren »Radi« bestimmt noch nie gegessen! Dies ist ein überraschendes Rezept, das gut mit Vegetable Raita, Seite 39, oder einem Spinatsalat, Seite 38, gereicht werden kann.

Zutaten für 6 Stück
Teig
250 g Atta oder Weizenmehl Typ 1050 oder 1400 mit 10 % Weizenkleieanteil
1/2 TL Salz
1 EL Pflanzenöl
120 ml warmes Wasser
Ghee, Seite 23 oder Butterschmalz zum Bestreichen

Füllung
1 mittelgroßer weißer Rettich, geschält und fein geraspelt
1 TL Korianderpulver
1 TL Kreuzkümmelpulver
1 TL Salz
1 grüne Chilischote, fein geschnitten
1 EL frischer Koriander, fein geschnitten

Straßenhändler in der Nähe von Mumbai (ehemals Bombay)

Zubereitung

1 Mit Atta, Salz, Öl und Wasser den Teig herstellen und 1/2 Stunde zugedeckt ruhen lassen.
2 Den geriebenen Rettich solange mit der Hand ausdrücken, bis das Wasser restlos entfernt ist. Dann die übrigen Zutaten untermischen.
3 Aus dem Teig 12 Bällchen formen. Jeweils zwei Bällchen auf eine dünn bemehlte Platte legen und beide mit dem Wellholz gleich groß – etwa 15 cm Durchmesser – ausrollen.
4 Die Füllung in sechs Portionen teilen. Jeweils eine Portion auf eine Teigplatte geben, den Rand etwa 1 cm breit frei lassen. Zweite Teigplatte darauflegen, fest andrücken, um den Rand gut zu verschließen.
5 Eine schwere Eisenpfanne erhitzen. Ein Paratha hineinlegen und mit Hilfe eines Pfannenwenders etwa 1 Minute hin- und herschieben, bis es leicht gebräunt ist. Umdrehen und die Oberseite mit einem Teelöffel Ghee bestreichen. Wieder umdrehen und auch die andere Seite mit Ghee bestreichen. Diesen Vorgang solange wiederholen, bis beide Seiten goldbraun gebacken sind. Nach dieser Methode alle Parathas backen, warm servieren.

REIS

Reis ist eines der Haupt-Nahrungsmittel in Indien. Auf dem Subkontinent gibt es einige Hundert unterschiedliche Reissorten in den verschiedenen Regionen – vom Langkorn- über den Rundkornreis bis hin zum farbigen (roten oder gelben) Reis und bis zur feinsten Reissorte – dem Basmatireis. Sein Korn ist dünn und lang. Um seine Reife zu erhalten, muß er mindestens sechs Monate gelagert werden, beim Kochen entfaltet er dann einen herrlichen Duft. Wir haben für alle Reisgerichte Basmati-Reis ausgewählt; erhältlich in Delikatessengeschäften, Naturkostläden und im gut sortierten Einzelhandel.

Für wie viele Personen ein Reisgericht als sättigende Mahlzeit ausreicht, ist schwierig zu sagen. Die Angabe: für 4 Portionen meint, daß der Reis Hauptgericht ist und nur wenige Beilagen, wie zum Beispiel ein Salat oder ein Chutney, als Ergänzung gedacht sind. Wird der Reis nur als Beilage gereicht, so reicht er für die doppelte Anzahl von Personen.

Einfache Reiszubereitungen wie die Chawals, Rezepte auf den Seiten 80 und 81, können zu jedem Gemüsegericht oder Joghurt-Salat-Kombinationen serviert werden. Oder man ißt sie nur mit einem Roti, Seite 71 oder einer Dal-Soße, Seite 62, 63. Gekochter Reis läßt sich problemlos für 2–3 Tage im Kühlschrank aufbewahren.

Aus den *Pulaos*, Seite 83, 86, 87 und 88 können Sie eine eigenständige Mahlzeit machen, indem Sie das Reisgericht mit Joghurt oder Salaten, Papads und Pickles servieren oder einfach mit einigen Gurkenscheiben essen. Auch Nüsse und frische Früchte können die Reisgerichte ergänzen.

Übriggebliebenen Reis kann man im Handumdrehen in ein schmackhaftes Gericht verwandeln: In einer Pfanne etwas Öl erhitzen. Kreuzkümmel darin anbraten. Feingehackte Zwiebel goldbraun rösten, Kurkuma zugeben und umrühren. Den Reisrest dazugeben. Bei einfachem Reis kann man kleingeschnittenes Gemüse wie Karotten, Blumenkohl, Erbsen, Kartoffeln und Tomaten hinzufügen. Mit Salz und Zitronensaft würzen und 10–15 Minuten unter gelegentlichem Wenden anbraten.
Mit Naturjoghurt, Pickles und Papadams, siehe Seite 18, ergibt dies eine schnelle Mahlzeit.

Vorhergehende Doppelseite: Reisterrassen in Goa

SADA CHAWAL
GEWÜRZTER REIS

Die Reisgerichte Indiens sind in verschiedene Gruppen eingeteilt: *Chawal* ist die einfachste Zubereitung, der Reis wird mit Salz in Wasser gedünstet. Die nächste Gruppe sind die *Pulaos*: hier werden zunächst die Gewürze in Fett angeröstet – nicht zu scharf, sonst werden sie bitter – und auch der Reis wird kurz angebraten, bis das Gericht mit Wasser aufgefüllt wird. Der »Gipfel« der Reiszubereitung wird mit den *Biryanis* erreicht. Das sind sehr gehaltvolle Gerichte, die zumeist mit Fisch, Geflügel oder Fleisch zubereitet werden. Woraus folgt: unser Sada Chawal ist eigentlich ein Pulao!

Zutaten für 4 Portionen
250 g Basmatireis
1 Msp Safranpulver
2 EL Pflanzenöl
1 Zwiebel, geschält und fein geschnitten
1/2 TL frischer Ingwer, geputzt und fein gehackt
1/2 TL Kreuzkümmel, 1/4 TL Salz
300 ml heißes Wasser

Zubereitung

1 Den Reis gut waschen, eine halbe Stunde in Wasser einweichen und dann abtropfen lassen.
2 Safranpulver in eine kleine Tasse geben, einen Eßlöffel warmes Wasser darübergießen und den Safran 10 Minuten einweichen.
3 Das Öl in einem großen Topf erhitzen, die Zwiebeln zufügen und goldbraun anbraten. Dann den Reis, Ingwer, Kreuzkümmel und Salz dazugeben, umrühren und kurz anrösten.
4 Mit heißem Wasser auffüllen und kurz aufkochen. Den Safran samt Einweichwasser zu dem Reis geben, die Hitze auf die kleinste Stufe reduzieren, und zugedeckt 20–25 Minuten dämpfen. Mit einer Gabel auflockern und heiß servieren.

MACKKI CHAWAL
REIS MIT MAIS

Die Idee dieser Reisvariation kam mir bei meinen Kochkursen. Der Mais wurde, wie auch die Chilischote, von den portugiesischen Seefahrern aus der »Neuen Welt« nach Indien gebracht. Dort wird heute der Mais am liebsten vom Kolben geknabbert – in Europa bekommt man die ausgelösten Körner auch in Dosen zu kaufen.

Zutaten für 6–8 Portionen
- 500 g Basmatireis
- 2 Msp Safranpulver
- 3 EL Pflanzenöl
- 1 Zwiebel, geschält und fein geschnitten
- 1 TL Kreuzkümmel, ganz
- 1 TL frischer Ingwer, geputzt und fein gehackt
- 180 g Maiskörner
- 1 TL Salz
- 600 ml Wasser

Zubereitung

1 Den Reis gut waschen, eine halbe Stunde im Wasser einweichen und dann abtropfen lassen.
2 Safranpulver in eine kleine Tasse geben, einen Eßlöffel warmes Wasser darübergießen und 10 Minuten einweichen.
3 Das Öl in einen großen Topf geben und erhitzen. Zwiebeln dazugeben und goldbraun anbraten. Kümmel und Ingwer zufügen und kurz anrösten.
4 Mais und den abgetropften Reis hineinschütten, salzen, umrühren und eine weitere Minute anbraten.
5 Mit heißem Wasser auffüllen, kurz aufkochen und den Safran samt Einweichwasser zu dem Reis geben. Die Hitze auf die kleinste Stufe reduzieren und den Reis zugedeckt 20–25 Minuten dämpfen. Mit einer Gabel auflockern und heiß servieren.

KESAR CHAWAL
SAFRANREIS

Auch Safran färbt den Reis goldgelb, nur ist er um einiges teurer als Kurkuma, aber unvergleichlich im Geschmack. Der einst wildwachsende Safrankrokus, wird heute feldmäßig angebaut; in Indien befindet sich das Anbaugebiet vor allem in Kaschmir. Die Blüten sollten morgens gepflückt werden – das ergibt die beste Qualität.

Zutaten für 6–8 Portionen
- 500 g Basmatireis
- 1/4 TL Safranpulver
- 4 EL Ghee, Seite 23 oder Butterschmalz
- 2 Zimtstangen, in 5–6 Stücke gebrochen
- 1/4 TL Kardamomsamen, zerdrückt, 6 Nelken
- 200 g Zwiebeln, geschält, fein geschnitten
- 1 TL Salz, 1 EL brauner Zucker
- 600 ml heißes Wasser

Zum Garnieren
1 EL frische Korianderblätter, fein gehackt

Zubereitung

1 Den Reis gut waschen, eine halbe Stunde in Wasser einweichen und dann abtropfen lassen.
2 Safranpulver in eine Tasse geben, 1 EL warmes Wasser darübergießen und 10 Minuten einweichen.
3 Ghee oder Butterschmalz in einem großen Topf mit dickem Boden erhitzen, die Zimtstangen, Kardamom, Nelken und Zwiebeln hineingeben und unter ständigem Rühren goldbraun anbraten.
4 Den Reis dazugeben, umrühren und mit dem heißen Wasser auffüllen. Salz und Zucker einrühren und alles zum Kochen bringen. Safran mit dem Einweichwasser hinzufügen, die Hitze reduzieren und den Safranreis zugedeckt, ca. 25 Minuten dünsten, bis der Reis gar ist.
Mit einer Gabel auflockern, garnieren und servieren.

SABZI PULAO
BUNTER REIS MIT KAROTTEN, ERBSEN UND KARTOFFELN

Die schöne gelbe Farbe bezieht dieses Gericht vom Kurkumapulver. Kurkuma, auch Gelbwurz genannt, gehört zur Ingwerfamilie. Das Rhizom(der Wurzelstock) wächst im tropischen Klima Indiens besonders gut. Das Land ist der weltgrößte Produzent und Exporteur dieses Gewürzes.

Zutaten für 6–8 Portionen
500 g Basmatireis
    4 EL Pflanzenöl, 1/2TL Kreuzkümmel
    1 große geschälte Zwiebel
Samen von 5 Kardamomkapseln
6–7 Nelken, 6–9 schwarze Pfefferkörner
    2 mittelgroße Karotten, geschält und gewürfelt
    3 Kartoffeln, geschält und gewürfelt
150 g TK-Erbsen oder frische Erbsen
    1 Handvoll Cashewnüsse, Saft von einer Zitrone
1/2 TL Kurkumapulver, 1 TL Salz
600 ml Wasser

◁ *In einem Reisfeld in der Nähe von Pondicherry (Südostindien) setzt ein Mädchen Reispflanzen.*

Zum Garnieren
Zitronenscheiben
1 EL Korianderblätter, fein gehackt

Zubereitung
1 Den Reis gut waschen, 30 Minuten in Wasser einweichen und dann abtropfen lassen.

2 Das Öl in einem großen Topf erhitzen. Den Kümmel dazugeben und sobald er anfängt zu platzen, die in Streifen geschnittenen Zwiebeln zufügen, unter gelegentlichen Rühren ca. 5 Minuten glasig dünsten. Kardamom, Nelken und die schwarzen Pfefferkörner hineingeben, umrühren und kurz anbraten.

3 Den Reis, Karotten, Kartoffeln, Erbsen, Cashewnüsse, Zitronensaft, Kurkumapulver und Salz hineingeben, gut umrühren.

4 Heißes Wasser angießen und zum Kochen bringen, danach die Hitze reduzieren und den Reis zugedeckt in 20–25 Minuten garen.
Mit einer Gabel auflockern, mit Zitronenscheiben und Koriander garnieren und heiß servieren.

MASALA BHAT
GEWÜRZREIS MIT NÜSSEN

Nach Festtagen mit schwerer Küche schätzt man leichte Gerichte wie zum Beispiel diesen Gewürzreis – in diesem Fall die Cashewnüsse weglassen, denn sie enthalten viel Fett!

Zutaten für 6–8 Portionen
500 g Basmatireis
    4 EL Ghee, Seite 23 oder Butterschmalz
    3 Zwiebeln, geschält und fein geschnitten
    1 Zimtstange, in 3–4 Stücke gebrochen
Samen von 5 Kardamomkapseln
    6 Nelken
  10 schwarze Pfefferkörner
  1/2 TL Kurkumapulver
    1 TL Salz
600 ml heißes Wasser
100 g Cashewnüsse
    1 Bund frische Korianderblätter, fein geschnitten
    1 grüne Chilischote, fein gehackt
    1 TL schwarze Senfkörner

Zum Garnieren
2 EL frische Korianderblätter, fein gehackt
2 EL Kokosraspel
Zitronenscheiben

Zubereitung
1 Den Reis waschen, 30 Minuten in Wasser einweichen und dann abtropfen lassen.
2 Zwei Drittel vom Ghee in einen großen Topf geben und erhitzen. Die Zwiebeln im Ghee goldbraun anbraten. Zimt, Kardamom, Nelken und Pfefferkörner zugeben und kurz anrösten.
3 Reis, Kurkumapulver und Salz zufügen und anbraten. Mit heißem Wasser auffüllen, aufkochen lassen und 20–25 Minuten bei kleiner Hitze, zugedeckt, weitergaren.
4 In einer kleinen Pfanne den restlichen Ghee erhitzen und darin die Cashewnüsse goldbraun braten; herausnehmen und beiseite stellen.
5 In der gleichen Pfanne Korianderblätter, Chilischoten und Senfkörner kurz anbraten. Die angebräunten Cashewnüsse zufügen und alles über den Reis verteilen. Mit einer Gabel lockern.
Mit Korianderblättern, Kokosraspel und Zitronenscheiben garnieren und heiß servieren.

NIMBU CHAWAL
ZITRONEN-SAFRANREIS

Zu allen Reisgerichten kann man Papadams reichen – das sind papierdünne Fladen aus Weizen-, Reis- oder Kartoffelteig; meist werden sie aber mit Linsenteig zubereitet. Die Fladen werden leicht angeröstet oder in Öl hellbraun ausgebacken, anschließend auf Küchenkrepp etwas entfettet.

Zutaten für 6–8 Portionen
500 g   Basmatireis
1/8 TL Safranpulver
    4 EL Ghee, Seite 23 oder Butterschmalz
    1 TL schwarze Senfkörner, Seite 13
    5 Nelken
   30 (ca.) ganze Cashewnüsse
    1 grüne Chilischote, fein gehackt
    4 EL frische Kokosraspel
125 ml frischer Zitronensaft
    1 TL Salz
475 ml heißes Wasser

Zum Garnieren
1 Zitrone, in Achtel geschnitten
4 EL frische Korianderblätter, fein gehackt

Zubereitung
1 Den Reis gut waschen, 30 Minuten in Wasser einweichen und dann abtropfen lassen.
2 Safranpulver in eine kleine Tasse geben, einen Eßlöffel warmes Wasser darübergießen und 10 Minuten einweichen.
3 In einem großen Topf den Ghee oder Butterschmalz heiß werden lassen. Senfkörner, Nelken und Cashewnüsse dazugeben, ca. eine Minute anrösten. Den abgetropften Reis zufügen und etwa 2–3 Minuten anrösten, bis die Reiskörner mit Ghee überzogen sind.
4 Chilischoten, Kokosraspel, Zitronensaft, Salz und das heiße Wasser zugeben, den Safran samt seinem Einweichwasser dazugießen und alles auf starker Hitze unter gelegentlichem Umrühren zum Kochen bringen. Die Hitze auf die kleinste Stufe reduzieren und den Reis zugedeckt 20–25 Minuten garen.

Den Reis mit einer Gabel auflockern und auf einer Platte, mit Korianderblättern und Zitronenstücken garniert, heiß servieren.

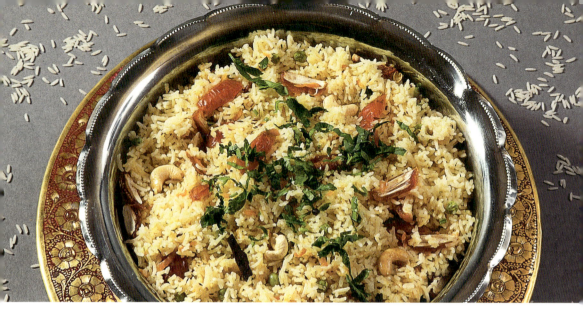

NAVRATAN PULAO
NAVRATAN-REIS

Navratan heißt in der Übersetzung: Neun – also Neun Gewürze – Reis, wobei die Zwiebel auch ein Gewürz ist. Gesellen sich zum Navratan Pulao noch Salate, Pickles und Papads, dann wird ein Hauptgericht daraus.

Zutaten für 6–8 Portionen
- 500 g Basmatireis
- 80 g Ghee, Seite 23 oder Butterschmalz
- 2 TL Kreuzkümmel, ganz
- 1 Zwiebel, geschält, in Streifen geschnitten
- 3–4 Kardamomkapseln, Seite 10
- 6 Nelken, 3 Lorbeerblätter, Seite 10
- 1 Zimtstange, in 3–4 Stücke gebrochen
- 12 schwarze Pfefferkörner
- 200 g TK-Erbsen oder frische Erbsen
- 2 Karotten, geschält und grob geraspelt
- 1 Handvoll Cashewnüsse
- 600 ml heißes Wasser
- 1 grüne Chilischote, fein gehackt
- 1 1/4 TL Salz
- 6–7 Datteln, entkernt und in Streifen geschnitten

Zum Garnieren
1 EL frische Korianderblätter, fein gehackt

Zubereitung
1 Den Reis gut waschen, 30 Minuten in Wasser einweichen, dann abtropfen lassen.
2 Ghee oder Butterschmalz in einem großen Topf heiß werden lassen. Kümmel, Zwiebeln, Kardamom, Nelken, Lorbeerblätter, Zimtstange und Pfefferkörner hineingeben und anrösten, bis die Zwiebeln goldbraun sind. Gelegentlich umrühren.
3 Reis, Erbsen, Karotten und Cashewnüsse dazugeben, unter ständigem Rühren ca. eine Minute anbraten. Danach zugedeckt ca. zwei Minuten schmoren lassen.
4 Das Wasser angießen, Chilischoten und Salz zugeben, nochmals durchrühren und zum Kochen bringen. Danach die Hitze auf die kleinste Stufe reduzieren, zugedeckt 20–25 Min. dämpfen, bis der Reis gar ist.
5 Die Datteln, mit einer Gabel vorsichtig unterheben, Reis 2–3 Minuten ruhen lassen.
Die Lorbeerblätter herausnehmen und den Reis mit Korianderblättern bestreut servieren.

MASALA PULAO
REIS MIT SIEBEN GEWÜRZEN

Basmatireis, vor Jahren nur Kennern bekannt, wird heute in jedem gut sortierten Supermarkt angeboten. Das dünne Korn ist doppelt so lang wie beim normalen Reis und entfaltet beim Kochen einen zarten Duft.

Zutaten für 4 Portionen
500 g   Basmatireis
  2 EL   Butterschmalz oder Ghee, Seite 23
Samen von 3–4 Kardamomkapseln, Seite 10
3–4 Lorbeerblätter, Seite 10
4–5 Nelken
  1 Zimtstange, in 3–4 Stücke gebrochen
1/2 TL   Kreuzkümmel, ganz
  1 TL   Salz
600 ml   heißes Wasser
  1 Msp Safranpulver oder Safranfäden,
        in 1 EL heißem Wasser aufgelöst

Zum Garnieren
1 EL Mandelstifte, 1 EL Walnüsse, gehackt
2 EL geröstete Zwiebelringe

Zubereitung
1 Den Reis waschen, 30 Minuten in Wasser einweichen, dann gut abtropfen lassen.
In einem großen Topf mit dickem Boden Butterschmalz erhitzen. Kardamom, Lorbeerblätter, Nelken, Zimt und Kümmel dazugeben und kurz anbräunen.
2 Reis und Salz hinzufügen, unter Rühren anbraten, das Wasser angießen, kurz aufkochen lassen. Den Safran samt Einweichwasser zu dem Reis geben. Die Hitze auf die kleinste Stufe reduzieren und den Reis zugedeckt 20–25 Minuten dämpfen. Mit Mandeln, Walnüssen und Zwiebeln garniert servieren. Erbsen mit Tandoori Masala, siehe Seite 52 passen gut dazu.

MATTAR KOBI BHAT
REIS MIT ERBSEN UND WEISSKRAUT

Dies ist ein herrliches Herbstgericht, wenn der Weißkohl noch zart und frisch ist! Um Cashewnüsse zu sparen, kann man die Nußkerne halbieren oder man kauft gleich halbierte Nüsse – das ist preiswerter.

Zutaten für 4 Portionen
500 g   Basmatireis
  6 EL Öl, 2 Zimtstangen, 4 Nelken
Samen von 4 Kardamomkapseln, Seite 10
  1 Zwiebel, fein gehackt
1/2 frische Kokosnuß, fein gerieben.
  50 g   Cashewnüsse
150 g   TK-Erbsen oder frische Erbsen
200 g   Weißkraut, geraspelt
  2 TL   Garam Masala, Seite 22
  1 TL   Kurkumapulver
  2 TL   frische Ingwerwurzel, geputzt, gerieben
  1 grüne Chilischote, fein gehackt
1 TL Salz, 600 ml heißes Wasser
Saft einer Zitrone

Zum Garnieren
2 EL   frische Korianderblätter

Zubereitung
1 Reis in kaltem Wasser waschen, 30 Minuten einweichen, dann in einem Sieb abtropfen lassen.
2 Öl in einem großen Topf auf mittlerer Hitze erhitzen. Zimt, Nelken, Kardamom und die Zwiebeln darin gut anbraten. Reis, Kokosraspel, Cashewnüsse, Erbsen, Weißkraut, Garam Masala, Kurkuma, Ingwer, Peperoni und Salz dazugeben und gut umrühren. Das Wasser angießen und aufkochen lassen. Den Reis zugedeckt bei kleiner Hitze köcheln lassen, bis das Wasser restlos aufgenommen wurde (das dauert etwa 20–25 Minuten).
3 Den Zitronensaft über den Reis gießen und mit Korianderblättern garniert servieren.

BADAM JARDALOO PULAO
MANDELREIS MIT ROSINEN UND APRIKOSEN

Ein Reisrezept meiner Großmutter mit einem besonderen Anspruch: sie pflegte nämlich zu uns Kindern zu sagen, daß der tägliche Genuß von 10 Mandeln die Intelligenz fördere ...

Zutaten für 4 Portionen
500 g Basmatireis
1/4 TL Safranpulver
 80 g Butterschmalz oder Ghee, Seite 23
  1 größere Zwiebel, fein gehackt
Samen von 3–4 Kardamomkapseln, Seite 10
  1 Zimtstange
6–8 Nelken
600 ml heißes Wasser
1/2 TL schwarzer Pfeffer, gemahlen
 50 g Mandelstifte, angeröstet
  3 EL Rosinen
 10 getrocknete Aprikosen, in Streifen geschnitten (möglichst ungeschwefelte Früchte verwenden)
  1 TL Salz

Zubereitung

1 Den Reis gut waschen, 30 Minuten in Wasser einweichen und dann gut abtropfen lassen.
2 Safranpulver in einer kleinen Tasse mit einen Esslöffel warmem Wasser auflösen.
3 Butterschmalz in einem schweren Topf erhitzen, Zwiebel hineingeben und goldbraun anbraten. Kardamomsamen, Zimtstangen und Nelken zugeben und kurz anrösten.
4 Den Reis dazugeben, umrühren und mit dem heißen Wasser auffüllen. Die restlichen Zutaten hinzufügen, einrühren und alles zum Kochen bringen. Die Hitze reduzieren, den Reis salzen und zugedeckt ca. 25 Minuten dämpfen, bis er gar ist. Vor dem Servieren mit einer Gabel auflockern.

NARANGI CHAWAL
ORANGENREIS

Der Geschmack nach Orange wird durch die frisch abgeriebene Schale der Frucht – immer ungespritzte Früchte verwenden und auch diese vor Verwendung heiß abwaschen, denn die Frucht kann gewachst sein – unterstützt. Schalenabrieb sofort weiter verwenden, die ätherischen Öle verflüchtigen sich rasch!

Zutaten für 4 Portionen
500 g Basmatireis, gewaschen und abgetropft
  3 EL Butterschmalz
Samen von 3 Kardamomkapseln, Seite 10
  6 Nelken, 1 Zimtstange
  2 Zwiebeln, fein geschnitten
100 g Cashewnüsse
  2 EL Rosinen
frisch abgeriebene Schale einer 1/2 Orange
  1 TL Salz
  3 Orangen, frisch ausgepreßt, Saft mit Wasser auf 600 ml aufgefüllt

Zubereitung

1 Butterschmalz in einem großen Topf auf mittlerer Hitze erhitzen und die Gewürze darin anrösten. Zwiebeln dazugeben und goldbraun anbraten. Nüsse und Rosinen ebenfalls anrösten.
2 Den Reis zugeben und alles gut umrühren. Die Orangenschale und Salz hinzufügen und mit dem Orangensaft ablöschen und umrühren. Aufkochen lassen und bei kleinster Hitze ca. 20–25 Minuten ausquellen lassen.

Orangenreis schmeckt zu gefüllten Auberginen, Rezept Seite 47; Erbsen mit Cashewnüssen, Rezept Seite 53; oder auch zu Straucherbsenmus, Rezept Seite 66. Mit einem kleinen Salat, Rezepte Seite 38 ff., wird eine leichte Sommermahlzeit oder ein Kinderessen daraus.

KADHI
JOGHURTSOSSE ZU REISGERICHTEN

Joghurt ist ein herrlicher Durstlöscher – in vielen südlichen Ländern wird er mit Wasser verquirlt und manchmal leicht gesalzen als Erfrischungsgetränk geschätzt. Zu scharf gewürzten Gerichten gereicht, mildert kühler Joghurt die Schärfe. Nachfolgend eine dritte Möglichkeit, Joghurt zu servieren – einmal ganz anders: als warme Sauce!

Zutaten für 6 Portionen
- 500 ml Naturjoghurt, 3,5 % Fett
- 2 EL Kichererbsenmehl (Besan)
- 1 TL Zucker
- 1 TL Kreuzkümmel, grob gemahlen
- 1 1/2 grüne Chilischoten, fein gehackt
- 1 1/4 TL Salz
- 1/4 TL Kurkumapulver, Seite 11
- 1 l Wasser
- 1 TL Ghee, Seite 23 oder Butterschmalz
- 4–5 Nelken
- 1/2 TL Kreuzkümmel
- 3–4 Curryblätter, Seite 9

Reisfelder in der Nähe von Pondicherry (Südostindien)

Zum Garnieren
- 2 EL frische Korianderblätter, fein gehackt

Zubereitung

1 Joghurt, Besan, Zucker, gemahlenen Kreuzkümmel, gehackte Chilischoten, Salz und Kurkumapulver in eine große Schüssel geben und alles gut verrühren. Das Wasser zugießen und mit dem Schneebesen schlagen, bis die Mischung klumpenfrei ist.

2 In einem großen tiefen Topf Ghee heiß werden lassen. Nelken, Kümmel und Curryblätter zugeben, 1/2 Minute anrösten, bis sie braun sind.

3 Die Joghurtmischung dazugießen, unter ständigem Rühren, bei großer Hitze, zum Kochen bringen. Kräftig rühren, damit sich alles gut vermischt.

Mit Korianderblättern garnieren und heiß zu Reisgerichten, z. B. zu Masala Bhat, Rezept Seite 84, servieren

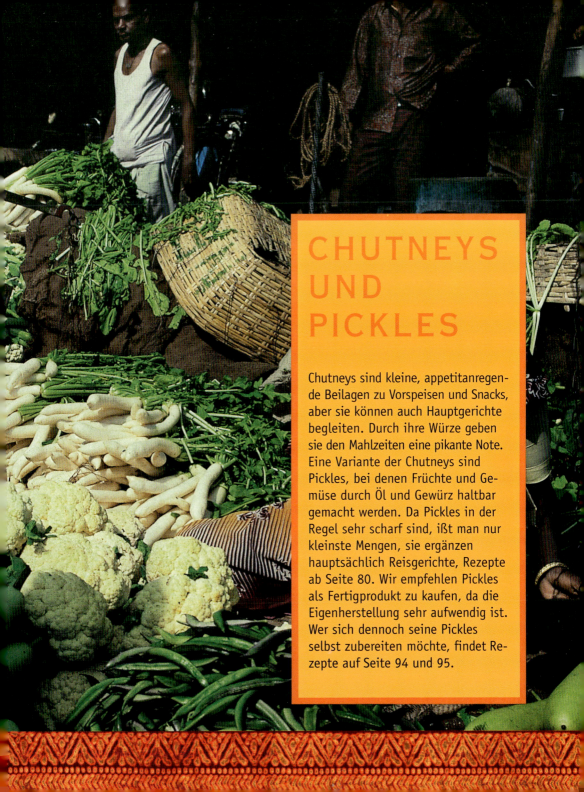

CHUTNEYS UND PICKLES

Chutneys sind kleine, appetitanregende Beilagen zu Vorspeisen und Snacks, aber sie können auch Hauptgerichte begleiten. Durch ihre Würze geben sie den Mahlzeiten eine pikante Note. Eine Variante der Chutneys sind Pickles, bei denen Früchte und Gemüse durch Öl und Gewürz haltbar gemacht werden. Da Pickles in der Regel sehr scharf sind, ißt man nur kleinste Mengen, sie ergänzen hauptsächlich Reisgerichte, Rezepte ab Seite 80. Wir empfehlen Pickles als Fertigprodukt zu kaufen, da die Eigenherstellung sehr aufwendig ist. Wer sich dennoch seine Pickles selbst zubereiten möchte, findet Rezepte auf Seite 94 und 95.

SEB KI CHATNI
APFEL-CHUTNEY

In meiner Kindheit waren Äpfel so kostbar, daß jedes Kind immer nur ein kleines Stückchen bekam, wenn Vater Äpfel nachhause brachte. Mangos hingegen gab es in Hülle und Fülle, und so konnte man diese auch unreif pflücken und daraus ein Chutney machen. In Europa ist es genau umgekehrt – und deshalb hier ein Rezept mit Äpfeln.

Zutaten
- 2 Boskop Äpfel, geschält, entkernt und kleingeschnitten
- 1 grüne Chilischote

1/4 TL Salz, 1 TL Zucker
Saft einer 1/2 Zitrone
- 1 TL Kreuzkümmel, ganz
- 8 EL Wasser

ZUBEREITUNG DER CHUTNEYS

1 Die jeweiligen Zutaten im Mixaufsatz der Küchenmaschine oder im Mixer zerkleinern, bis ein glattes Püree entstanden ist. Für eine Stunde in den Kühlschrank stellen.

2 Chutneys halten sich nach der Zubereitung ein bis zwei Tage im Kühlschrank; sie werden kalt zu warmen oder kalten Speisen serviert.
Chutneys auf Vorrat: Püree in Schraubgläser füllen (Twist-off-Gläser eignen sich besonders gut) und im Kühlschrank aufbewahren. Angebrochene Gläser sind etwa 1 Woche haltbar.

Die Rezepte können von den Zutatenmengen her verdoppelt werden, einen Teil kann man sofort verbrauchen, der Rest kann gut verschlossen eine Woche kühl aufbewahrt werden.

Vorhergehende Doppelseite:
Gemüsemarkt in Nagpur, Maharashtra

NARIYAL CHATNI
KOKOSNUSS-CHUTNEY

Zutaten
- 100 g frische Kokosnuß, geschält und klein geschnitten, siehe Seite 17
- 1/2 TL Kreuzkümmelpulver
- 2 grüne Chilischoten
- 3 EL Joghurt, 3,5 % Fett
- 5 cm frischer Ingwer, geputzt und klein geschnitten

Saft von einer 1/2 Zitrone
- 1 TL Zucker
- 1/2 TL Salz
- 2–4 EL Wasser
- 1 Bund frische Korianderblätter, grob gehackt

DHANITYA TAMATAR CHATNI
KORIANDER-TOMATEN-CHUTNEY

Zutaten
- 1 Bund frische Korianderblätter, gehackt
- 2 Tomaten, geschält, grob gehackt
- 1 grüne Chilischote, halbiert und entkernt
- 1 Msp Zucker
- 1/8 TL Salz

KHAJOOR KI CHATNI
DATTEL-KAROTTEN-KORIANDER-CHUTNEY

Zutaten
- 100 g Karotten, geschabt, in Stücke geschnitten
- 10 Datteln, entkernt
- 1 Bund frischer Koriander, grob gehackt
- 1/2 TL Tamarindenpaste, siehe Seite 13
- 1 grüne Chilischote
- 1/8 TL Salz
- 100 ml Wasser

KAJOO DHANIYA CHATNI
CASHEW-KORIANDER-CHUTNEY

Zutaten
- 5 EL frische Korianderblätter, gehackt
- 50 g Cashewnüsse, grob gehackt
- 1 grüne Chilischote
- Saft einer 1/2 Zitrone
- 100 ml Joghurt
- 1/2 TL Kreuzkümmelpulver
- 1/4 TL Salz
- 2 EL Wasser

Zubereitung siehe gegenüberliegende Seite.

Die nebenstehende Abbildung zeigt gelbe Cashewäpfel – es gibt auch rote, siehe Seite 103, unten, an denen die Cashewnuß sitzt. Die »Früchte«, eigentlich der Fruchtstiel, werden in Europa nicht gehandelt, da sie nicht versandfähig sind.

Gelbe Cashewäpfel werden zum Verkauf gebündelt.

GAJAR KI CHATNI
KAROTTEN-CHUTNEY

Ohne Chilischoten geht in der Indischen Küche fast nichts. Die wenigsten Benutzer dieser scharfen Schoten wissen, daß sie kein einheimisches Gewächs sind, siehe Seite 9.

Zutaten
- 2 EL Pflanzenöl
- 1/2 TL schwarze Senfkörner
- 1 Msp Asafoetida, siehe Seite 8
- 2 grüne Chilischoten, fein gehackt
- 1/4 TL Kurkumapulver
- 250 g Karotten, geschrappt und fein gerieben
- 1/2 TL Salz
- 4–5 EL Kokosraspel

Zubereitung

1 In einer Pfanne Öl erhitzen; die Senfkörner dazugeben. Wenn sie knistern und zu platzen beginnen, Asafoetida und gehackte Chilischoten zufügen, einige Sekunden rühren und dann das Kurkumapulver hineingeben.

2 Danach Karotten und Salz zugeben und weiterrösten, bis die Karotten ihre Feuchtigkeit verloren haben und knusprig werden.

3 Kokosraspel darüberstreuen und kurz weiter braten. In eine Schüssel umfüllen und abgekühlt servieren.

GAJAR KA AACHAR
KAROTTEN-PICKLES

Dies ist ein Pickle, das es nicht zu kaufen gibt! Ich habe einmal ein ähnliches Pickle in England gegessen, das den Anstoß zu diesem Rezept gab. Noch ein Hinweis: die Karotten nicht zu weich garen, sie sollen durchaus noch Biß haben!

Zutaten
- 500 g Karotten
- 2 TL Kreuzkümmel, gemahlen
- 3 TL schwarze Senfkörner, zerstoßen
- 1 TL Kurkumapulver
- 2 TL Chilipulver
- 1/2 TL Fenugreeksamen, siehe Seite 8
- 1 1/2 EL Ingwerpulver
- 2 1/2 EL Zucker
- 1 TL Salz
- 8 EL Pflanzenöl
- 1/8 l Weinessig

Zubereitung

1 Die Karotten waschen, dünn abschälen, der Länge nach in Viertel teilen und in ein Zentimeter breite Stücke schneiden.

2 Alle Gewürze in einem Schälchen vermischen.

3 Das Öl in einem Topf heiß werden lassen. Die Gewürzmischung zugeben und kurz anbraten. Die Karotten hinzufügen und so lange rühren, bis sie mit den Gewürzen überzogen sind. Essig zugießen und nochmals umrühren. Bei geringer Hitzezufuhr, ohne Deckel, 10–15 Minuten simmern lassen. Die Karotten sollen noch Biß haben. Vom Herd nehmen und abkühlen lassen.

4 Die erkalteten Pickels in Gläser füllen und luftdicht verschließen; kühl und trocken gelagert ca. 3–4 Wochen haltbar.

NIMBU KA AACHAR
LIMETTEN-PICKLES

Die dünnschalige Limette, anfangs dunkelgrün bei Vollreife grünlichgelb bis blaßgelb, duftet sehr aromatisch. Das hellgrüne saftige Fruchtfleisch, meist kernlos, ergibt fast doppelt so viel Saft wie eine Zitrone. Der Geschmack ist säuerlich-aromatisch. Gelegentlich wird die Limette auch als Limone bezeichnet, doch besteht die Gefahr der Verwechslung mit der Zitrone, die in anderen Sprachen *Limon* oder *Lemon* genannt wird.

Zutaten
- 12 Limetten
- 275 ml Öl
- 1 EL Fenugreeksamen, siehe Seite 8
- 1 TL Fenchelsamen
- 1 TL Asafoetidapulver, siehe Seite 8
- 60 g schwarze Senfkörner, zerstoßen
- 1 EL Kurkumapulver
- 2 EL Chilipulver
- 60 g Salz

Zubereitung

1 Die Limetten gründlich waschen und abtrocknen. Die Früchte vierteln und die Stücke nochmals quer durchschneiden.

2 Das Öl in einem Topf erhitzen. Fenugreek, Fenchel, Asafoetida, Senf, Kurkuma, Chilipulver und Salz in der genannten Reihenfolge einrühren. Beim Anrösten der Gewürze den Dunstabzug auf Maximalstufe einstellen. Den Topf vom Herd nehmen und Masse abkühlen lassen.

3 Die Limetten in große Schraubdeckelgläser schichten und mit der Öl-Gewürzmischung übergießen. Mit einem Holzlöffel die Limetten nach unten drücken, damit sie ganz vom Öl bedeckt werden. Gläser verschließen; nach 3–4 Wochen Reifezeit können die Pickels verwendet werden.

Um das Pickle nicht zu verderben, sollte stets ein sauberer Löffel zum Herausnehmen verwendet werden.

DESSERTS UND KONFEKT

In Indien sind einige der Zutaten für die Süßspeisen schwer erhältlich und teuer. Deshalb werden viele der Süßigkeiten nur zu besonderen Anlässen zubereitet. Sie sind dann in ihrer Vielfalt die Krönung der indischen Feste. Speisen wie Gajar Halva, Vermicelli, Shrikhand oder Kulfi werden zu den Mahlzeiten serviert, Sheera wird als kleiner Imbiß gereicht und Laddus und Burfis schmecken zu Kaffee oder Tee (Rezepte ab Seite 104).
Burfis und Laddus können, luftdicht verschlossen, zwei bis drei Wochen in einem trockenen und kühlen Raum aufbewahrt werden.

SHRIKHAND
QUARKSPEISE

Shrikhand ist eine der beliebtesten Süßspeisen in Indien. Die Übersetzung lautet: Speise der Götter. Das wiederum führt direkt zu Krishna, die achte Inkarnation des Gottes Vishnu, der in seiner Jugend Kuhhirte war. Seine Vorliebe für Milchprodukte ist in der indischen Mythologie lebendig überliefert.

Zutaten für 4 Portionen
500 g   Quark (Topfen), 40 % Fett
1/8 TL Safranpulver
100 g   Zucker
   1 EL Rosinen oder 3 EL Mangopulpe* (Dose)

Zum Garnieren
1 EL Mandeln, geschält, gestiftet
2 EL Pistazien

Zubereitung
1 Quark, Safranpulver, Zucker und Rosinen oder Mangopulver in eine Schüssel geben und alles gut verrühren, bis der Zucker sich aufgelöst hat. Für eine Stunde kühl stellen.

2 Mit Mandeln und Pistazien garnieren.

Vorhergehende Doppelseite:
Obststand in Nagpur, Zentrum des Orangenanbaus

---

*   Mangopulpe in der Dose gibt es in indischen Geschäften oder in den Spezialabteilungen gut sortierter Lebensmittelabteilungen der Kaufhäuser zu kaufen. Man kann auch bei günstigem Angebot das Mangofleisch auslösen, evtl. pürieren und einfrieren.

SHEVAI KA KHEER
INDISCHE NUDELN MIT MILCH

Dieses ist auch eine Speise der Götter, deshalb ist Shevai auch bei den Brahmanen, der Priesterklasse, so beliebt. Ein Sprichwort besagt, daß man mindestens einmal während des Monsuns diese Speise gegessen haben muß!

Zutaten für 4 Portionen
1/8 TL Safranpulver
   2 EL Butter
80 g Shevai (Vermicelli), siehe Seite 19
   1 l   Milch
250 ml süße Sahne (Rahm)
100 g   Zucker
   2 TL Sultaninen
   1 TL Kardamompulver
1/2 TL Muskatnuß, frisch gerieben

Zubereitung
1 Das Safranpulver in einer Tasse mit 2 Eßlöffeln warmem Wasser übergießen und 10 Minuten einweichen.

2 In einem Topf mit dickem Boden die Butter langsam erhitzen. Shevai hineinschütten und anrösten, bis sie goldbraun sind.

3 Milch und Sahne zugießen, auf starker Hitze zum Kochen bringen und dabei ständig rühren, damit sich keine Haut bildet. Zucker und Sultaninen zufügen, die Hitze reduzieren und die Shevai ca. 20 Minuten köcheln lassen. Den Topf vom Herd nehmen und die Shevai in eine vorgewärmte Schüssel umfüllen.

4 Kardamompulver, Muskatpulver und Safran samt dem Einweichwasser einrühren. Warm servieren.

Abbildung rechts: Marionetten aus Jaipur ▷

Rosenäpfel-Verkäuferin in Bangalore, Karnataka

SHEERA
SÜSSES DESSERT AUS GRIESS

Diese Süßspeise heißt im Bundesstaat Maharashtra und Goa »Sheera«, reist man weiter nach Süden nennt man die Speise »Kesari«. Es ist ein sehr beliebtes Gericht, da es wenig Zeit zur Zubereitung in Anspruch nimmt.

Zutaten für 6 Portionen
1/8 TL Safranpulver
125 g Butter
300 g Sooji (Weizengrieß), siehe Seite 19
1 reife, aber feste Banane
2 EL Sultaninen
450 ml warme Milch
200 g feiner Zucker
1/4 TL Kardamompulver
2 EL Mandeln, geschält, gestiftelt

Zubereitung
1 Das Safranpulver in eine kleine Tasse geben, 2 Eßlöffel warmes Wasser darübergießen und 10 Minuten einweichen.
2 In einem Topf mit dickem Boden Butter zerlassen, den Grieß dazugeben, unter ständigem Rühren, bei mittlerer Hitzezufuhr anrösten bis er goldbraun ist.
3 Die kleingeschnittene Banane und die Sultaninen zufügen und gut unterrühren.
4 Die Milch dazugießen und alles gut vermischen. Den Zucker einrühren. Die Hitze reduzieren und den Deckel auflegen. Ab und zu umrühren, bis der Zucker sich aufgelöst hat. Den Topf vom Herd nehmen und die Grießmasse in eine vorgewärmte Servierschüssel füllen.
5 Safran samt seiner Einweichflüssigkeit, Kardamompulver und Mandeln zugeben, umrühren und heiß servieren.

GAJAR KA HALVA
KAROTTENDESSERT

Dies ist bestimmt die feinste Art, Karotten zu essen! Das lange Rühren lohnt allemal: durch das Reduzieren bekommt die Milch einen nußartigen Geschmack, der nicht ahnen läßt, daß das Ausgangsprodukt »nur« ein Wurzelgemüse ist.

Zutaten für 6 Portionen
500 g Karotten, geschabt, fein gerieben
1 l Milch, 250 ml Sahne (Rahm)
300 g brauner Zucker (Rohrzucker)
200 g Mandeln, geschält und gemahlen
3 EL Ghee, Rezept Seite 23 oder Butterschmalz
1 TL gemahlener Kardamom

Zum Garnieren
4 TL Pistazien, fein gehackt
2 TL gestiftelte Mandeln

Bananenmarkt in Madurai, Tamil Nadu

Zubereitung
1 Karotten, Milch und Sahne in einem hohen Topf mit dickem Boden unter Rühren zum Kochen bringen. Die Hitzezufuhr zurücknehmen und die Masse etwa eine Stunde lang unter häufigem Rühren sanft kochen, bis die Mischung sich auf die Hälfte reduziert hat. Die Milch darf auf keinen Fall anbrennen.

2 Den Zucker einrühren und die Karotten noch ca. 10 Minuten weiterköcheln.

3 Die gemahlenen Mandeln unterheben. Ghee oder Butterschmalz zufügen, solange rühren, bis die Masse eine teigige Konsistenz hat und sich vom Rand und Boden des Topfes löst. Den Topf vom Herd nehmen.

4 Das Kardamompulver untermischen. Halva in eine flache Schale geben und mit Pistazien und gestiftelten Mandeln garnieren und lauwarm servieren.

BHARLI KELI
GEFÜLLTE BANANEN

Ein schneller Nachtisch, bei dem alle Zutaten eine geschmackliche Harmonie ergeben.

Zutaten für 4 Portionen
    4 mittelgroße Bananen, nicht zu reif
    2 EL Zucker
    4 EL frische Kokosraspel
1/2 TL Muskatnuß, frisch gerieben
1/4 TL Kardamompulver
    2 EL Butter oder Butterschmalz

Zubereitung
1 Die Bananen schälen, von einer Seite waagerecht einschneiden, die Frucht um 180 Grad drehen und von der anderen Seite senkrecht bis über die Mitte einschneiden.
2 Den Zucker mit den Kokosraspel und Gewürzen vermischen. Die Masse vorsichtig in die Schlitze der Bananen füllen.
3 In einer beschichteten Pfanne das Fett schmelzen. Die gefüllten Bananen darin von beiden Seiten goldbraun braten. Mit Puderzucker bestäuben und heiß servieren.

KAJOO AAM SALAD
OBSTSALAT MIT CASHEWNÜSSEN

Möchten Sie einmal besonders köstliche Mangos essen? Dann halten Sie von Ende April bis Anfang Juni Ausschau nach der Sorte »Alphonso«. Diese etwa birnengroßen, gelb-orangenen Früchte sind aromatisch und haben von allen Mangosorten den feinsten Geschmack.

Zutaten für 4 Portionen
- 2 reife Mangos in Stücken – siehe Zubereitung
- 15 Lychees, geschält und der Kern herausgelöst
- 2–3 Bananen, in Scheiben geschnitten
- 2 TL Zucker
- 1 TL frischer Zitronen- oder Limettensaft
- 50 g Cashewnüsse, gehackt

Zum Garnieren
- einige Minzeblätter
- ein paar Erdbeeren

Zubereitung
1 Die gewaschenen Mangos senkrecht stellen. Mit einem scharfen Messer parallel zu den Breitseiten am Kern entlang zwei dicke Scheiben abschneiden. Mit dem Messer das Fruchtfleisch aus der Schale lösen und in Streifen schneiden. Das restliche Fleisch vom Kern ablösen und kleinschneiden.
2 Alle Zutaten, außer den Cashewnüssen, in eine große Schüssel geben und vorsichtig vermengen. Ca. eine Stunde in den Kühlschrank stellen.
3 Vor dem Servieren die Cashewnüsse auf den Salat streuen, mit Minzeblättern und Erdbeeren garnieren.

Tip: Grüne, noch feste Mangos nachreifen: Früchte in Zeitungspapier einwickeln und bei Zimmertemperatur einige Tage liegen lassen.

KULFI
EIS MIT KARDAMOM UND MUSKAT

Ein Eis mit Tradition: bevor es Kühlschränke gab, wurde ein Tongefäß mit zerstoßenem Stangeneis gefüllt. Da hinein wurden die gefüllten konischen Metalltüten gesteckt. Die Verdunstung und die Kälte erzeugten das köstliche Endprodukt.
Zur Zubereitung von Kulfi kann man auch eine Eismaschine verwenden: die Masse in die laufende Eismaschine gießen und ca. 20 bis 25 Minuten gefrieren.

Zutaten für 4 Portionen
250 ml Kondensmilch, 7,5 % Fett,
ungezuckert und gut gekühlt
125 g   Puderzucker
1/4 TL Kardamompulver
1/4 TL Muskatnuß, frisch gerieben

Zum Garnieren
1 EL Pistazien
1 EL gestiftelte Mandeln

Zubereitung
1 Die gekühlte Milch in eine Rührschüssel geben und mit dem Handrührgerät schlagen, bis die Milch schaumig wird.
2 Puderzucker, Kardamompulver und Muskatpulver zufügen und nochmals schlagen, bis der Zucker sich aufgelöst hat.
3 Die Mischung in eine flache Chromarganschüssel gießen und ins Gefrierfach stellen.
Nach einer Stunde mit einer Gabel gut durchmischen und weitere ein bis zwei Stunden im Gefrierfach lassen, bis die Masse fest gefroren ist.
4 Das Eis in kleine Schüsseln verteilen, mit Pistazien und Mandeln garnieren.

MANGO KULFI
MANGO-EIS

Für das Mango-Eis läßt sich sehr gut die Mangopulpe aus der Dose verwenden – dadurch erspart man sich das Auslösen und Pürieren des Fruchtfleischs. Dann die Zuckermenge reduzieren, da das Fertigprodukt bereits gesüßt ist.

Zutaten für 4 Portionen
425 g   Mangofruchtfleisch
120 g   Zucker, 250 ml Milch
250 ml süße Sahne (Rahm)

Zum Garnieren
1 EL Pistazien, 1 EL gestiftelte Mandeln

Zubereitung
1 Mangofruchtfleisch im Mixer pürieren.
2 Zucker, Milch, Sahne unter das Püree rühren.
3 Die Masse in eine Eisschale gießen und gefrieren. Nach einer Stunde nochmals gut umrühren, damit keine Eiskristalle entstehen. Wieder in das Gefrierfach stellen, bis das Eis fest ist.
4 Das Eis in kleine Schüsseln verteilen, mit den Pistazien und Mandeln garnieren.

BESAN LADDU
BÄLLCHEN AUS KICHERERBSENMEHL

Zu »Diwali«, dem Lichterfest der Hindus, das mit dem Weihnachtsfest vergleichbar ist, darf diese Süßigkeit nicht fehlen. Durch das langsame Rösten des Kichererbsenmehls entsteht ein nußartiger Geschmack, der beim Schmelzen im Mund den Reiz der Bällchen ausmacht. Sie sind beliebte Opfergaben, weil sie so köstlich sind.

Zutaten für ca. 20 Stück
125 g   Ghee, Seite 23 oder Butterschmalz
250 g   Kichererbsenmehl (Besan), gesiebt
225 g   Puderzucker, gesiebt
  1 EL Cashewnüsse, gehackt
  1 EL Mandeln, geschält, in Stifte geschnitten
  1 EL Pistazien, in Stifte geschnitten
1/2 TL Kardamompulver
1/8 TL Safranpulver
1/4 TL Muskat, frisch gerieben

Zubereitung
1 In einem Topf mit dickem Boden Ghee oder Butterschmalz zerlassen, Besan dazugeben, auf kleiner Hitze und unter ständigem Rühren ca. 30 Minuten goldbraun anrösten.

2 Den Topf vom Herd nehmen. Die restlichen Zutaten zugeben und alles gut mischen.

3 Sobald die Masse soweit abgekühlt ist, daß man sie anfassen kann, walnußgroße Bällchen formen.

Die Besan Laddus passen ausgezeichnet zum Tee oder Kaffee.

---

* Informationen zu Kichererbsenmehl Seite 17 und zum Mehl, Seite 16

SUKADI
KONFEKT AUS MEHL

In Indien bezeichnet »Jaggery« den Zucker aus Zuckerrohr oder Palmsaft. Goor ist unraffinierter Zucker in großen Brocken aus Palmsaft. Er hat einen süßen, weinähnlichen Duft und Geschmack.

Zutaten für 30–40 Stück
325 g   Butter
250 g   Atta* oder Weizenmehl Typ 1050 oder Typ 1400, mit 10 % Weizenkleieanteil
 25 g   Kokosraspel
  3 TL Sesamsamen
150 g   Blockzucker, siehe Seite 16, gerieben
  2 TL Milch

Zum Garnieren
1 TL   Sesamsamen

Zubereitung
1 In einem schweren Topf die Butter zerlassen. Atta einrühren, die Hitzezufuhr steigern und ca. 5 Minuten rühren, bis die Masse Blasen wirft. Dann die Hitze auf die kleinste Stufe reduzieren und die Mehlbutter unter gelegentlichem Rühren goldbraun werden lassen (ca. 30 Minuten).

2 Kokosraspel und Sesam zufügen und anbräunen. Den Topf vom Herd nehmen.

3 Jaggery (Goor) schnell unterrühren, die Milch darübergießen und noch einmal durchrühren.

4 Auf ein Kuchenblech geben und mit einem Spachtel einen Zentimeter dick verteilen. Sesamsamen daraufstreuen, festdrücken und die Masse abkühlen lassen.

5 Mit einem Messer in Quadrate oder Rauten schneiden.

NARIYAL BURFI
KOKOSNUSS-KONFEKT

In fast allen indischen Süßspeisen ist Kardamom enthalten. Es zählt ebenso wie Safran und Vanille zu den »königlichen« Gewürzen. Seine herausragende Bedeutung erkennt man auch daran, daß in Südindien ein ganzes Gebirge – die Kardamomberge – nach diesem Gewürz benannt ist.
Auf der Abbildung Seite 106 in der Mitte, vorne.

Zutaten für ca. 30 Stück
- 1 TL Butter
- 250 ml Milch
- 250 ml Sahne (Rahm)
- 250 g Kokosraspel
- 200 g feiner Zucker
- 1 TL Kardamompulver
- 1/8 TL Safranpulver

Zubereitung
1 Ein Kuchenblech mit einem Teelöffel Butter einstreichen.

2 In einem Topf mit dickem Boden alle Zutaten miteinander mischen. Bei starker Hitzezufuhr unter ständigem Rühren zum Kochen bringen. Bitte aufpassen, damit nichts anbrennt.
Den Herd auf eine niedrige Stufe herunterschalten und die Masse so lange rühren, bis sie eine teigige Konsistenz hat und sich vom Rand und Boden des Topfes löst. Den Topf vom Herd nehmen.

3 Teigmasse sofort mit einem Spachtel einen Zentimeter dick auf dem Kuchenblech verteilen.

4 Die abgekühlte Masse mit einem Messer in Quadrate oder Rauten schneiden.

Zu Tee oder Kaffee servieren.

BADAM BURFI
MANDELKONFEKT

Burfi ist ein Konfekt, das auf der Basis von reduzierter Milch zubereitet wird. Grundrezept: Milch und Zucker solange kochen, bis eine teigartige Masse entsteht. Diese auf eine kalte Platte (am besten Marmor) streichen und erkalten lassen. Um die Prozedur abzukürzen, kann man Sahne oder Kondensmilch und Magermilchpulver verwenden.

Zutaten für ca. 30 Stück
- 1 TL Butter
- 250 g Mandeln, geschält und gemahlen
- 250 g feiner Zucker
- 1/8 l Sahne (Rahm)
- 1 TL Kardamompulver
- 1/8 TL Safranpulver

Zubereitung
1 Ein Kuchenblech mit einem Teelöffel Butter einstreichen.
2 In einer Pfanne die Mandeln ohne Fett leicht anrösten und dann beiseite stellen.
3 In einem schweren Topf Zucker und Sahne unter ständigem Rühren bei starker Hitze zum Kochen bringen.
Die Kochstelle auf eine niedrige Stufe herunterschalten und die Sahne, unter gelegentlichen Rühren, ca. 5 Minuten kochen.
4 Die Mandeln hineingeben, unter ständigem Rühren weiterkochen, bis die Masse eine teigige Konsistenz hat und sich vom Rand und Boden des Topfes löst. Den Topf vom Herd nehmen.
5 Kardamompulver und Safranpulver zufügen, gut vermischen und die Masse sofort mit einem Spachtel einen Zentimeter dick auf dem Kuchenblech verteilen.
6 Die Mandel-Sahne-Masse erkalten lassen. Mit einem Messer in Quadrate schneiden.

KARANJIS
SÜSS GEFÜLLTE HALBMONDE

Wenn die Zeit knapp ist, kann statt des Nudelteigs auch 300 g fertiger Tiefkühl-Blätterteig verwendet werden: Bei diesem Rezept die Ränder mit Wasser befeuchten und gut andrücken. Die Karanjis auf ein mit Backpapier belegtes Blech verteilen, mit Wasser bepinseln und bei 180°C (Gasherd Stufe 2) in ca. 25 Minuten hellgelb backen.

Auf der Abbildung, links und rechts.

Zutaten für 20 Stück
250 g   Mehl
100 ml Wasser, 1 Prise Salz
1/2 frische Kokosnuß, gerieben
    alternativ: 200 g Kokosraspel
    mit 4 EL Kondensmilch angefeuchtet
125 g   Zucker
1/2 TL Kardamom, gemahlen
1/2 TL Muskat, frisch gerieben
3/4 l   Pflanzenöl zum Fritieren

Zubereitung

1 Aus dem Mehl mit Wasser und Salz einen Nudelteig bereiten und ca. 1 Stunde zugedeckt ruhen lassen.

2 In einem Topf mittlerer Größe geriebene Kokosnuß und Zucker unter Rühren zum Kochen bringen. Abkühlen lassen und mit den Gewürzen vermischen.

3 Den Nudelteig sehr dünn ausrollen. Damit der Teig beim Auswellen nicht klebt, etwas Öl auf die Arbeitsplatte tupfen. Teigplatten mit ca. 7 cm Durchmesser ausstechen. Jeweils einen gehäuften Teelöffel Füllung in die Mitte geben, zur Hälfte umklappen und die Ränder gut zudrücken.

4 Das Öl in einem Karhai, Seite 31 oder Fritiertopf erhitzen. Je 3 Karanjis in das heiße Öl gleiten lassen, von beiden Seiten goldbraun ausbacken und auf Küchenkrepp abtropfen lassen. Diesen Vorgang solange wiederholen, bis alle Karanjis ausgebacken sind.

BADAM KOPRA PAK
KOKOSNUSS- UND MANDEL-KONFEKT

Mit frisch geriebener Kokosnuß wird das Burfi noch saftiger. Die Zugabe von Mandeln macht dieses Burfi zu einer Festtagsspeise, denn Nüsse und Mandeln sind in Indien sehr teuer.

Zutaten für 50–60 Stück
125 g Butter
200 g frische Kokosraspel
200 g Mandeln, geschält und fein gemahlen
350 g feiner Zucker, 150 ml Wasser
250 g Magermilchpulver
170 g Kondensmilch, 7,5 % Fett, ungezuckert
Saft von einer 3/4 Zitrone
1/2 TL Kardamompulver

Zum Garnieren
1–2 EL gemahlene Mandeln

Zubereitung
1 Ein Kuchenblech mit wenig Butter einstreichen.
2 Die restliche Butter in einem Topf bei mäßiger Hitze langsam zerlassen. Kokosraspel und Mandeln einrühren, anrösten, bis sie leicht gebräunt sind.
3 Zur gleichen Zeit in einem anderen Topf Zucker und Wasser langsam zum Kochen bringen.
4 In die Kokosraspel-Mandel-Mischung zuerst das Magermilchpulver, dann die Kondensmilch einrühren.
5 Nun in den kochenden Zuckersirup den Zitronensaft hineingießen und nochmals aufkochen. Den Sirup zur Kokosraspel-Mandel-Mischung gießen und alles gut durchrühren. Den Topf vom Herd nehmen.
6 Das Kardamompulver einrühren. Die Masse gleichmäßig, ca. 1,5 cm dick, auf dem Kuchenblech verteilen und mit einem angefeuchteten Spachtel glätten. Mit gemahlenen Mandeln bestreuen und 3–4 Stunden abkühlen lassen.
7 Dann in ca. 2,5 cm × 2,5 cm große Stücke schneiden.

BADAM KHAS KHAS BURFI
MANDEL-MOHN-KONFEKT

In Indien wird der cremefarbene oder weiße Mohnsamen, in Europa der blaue Mohn verwendet. Dieser Mohnsamen wirkt nicht berauschend, Opium wird aus dem Saft der unreifen Samenkapseln gewonnen.

Zutaten für ca. 20 Stück
  2 TL Butter
100 g Khas Khas, Seite 12, fein gemahlen
100 g Mandeln, fein gemahlen
125 ml Sahne, 175 g Zucker
  1 TL Kardamompulver
1/2 TL Muskat, frisch gerieben

Zubereitung
1 In einer schweren Pfanne (Eisenpfanne) einen Teelöffel Butter heiß werden lassen, Khas Khas und Mandeln dazugeben und ca. eine Minute anrösten. Herausnehmen und auf einem Teller abkühlen lassen.
2 Ein Kuchenblech mit dem anderen Teelöffel Butter einstreichen.
3 In einem schweren Topf Zucker und Sahne auf starker Hitze zum Kochen bringen. Die Kochstelle auf eine niedrige Stufe herunterschalten und die Mischung unter gelegentlichem Rühren ca. 5 Minuten kochen. Khas Khas und Mandeln hinzufügen und solange rühren, bis die Masse eine teigige Konsistenz hat und sich vom Rand und Boden des Topfes löst. Den Topf vom Herd nehmen.
4 Kardamompulver und Muskatpulver zugeben, umrühren und die Konfektmasse sofort mit einem Spachtel einen Zentimeter dick auf dem Kuchenblech verteilen.
5 Abkühlen lassen. Mit einem Messer in Quadrate schneiden.
Auf der Abbildung Seite 106 in der Mitte, hinten.

TEE UND KALTE GETRÄNKE

Die traditionellen Getränke der Inder zu den Mahlzeiten sind Wasser oder Lassies – salzige oder süße Joghurtgetränke. Die beliebten Mangogetränke sind eine kühle Erfrischung im Sommer. Sie werden entweder mit Wasser oder mit Milch zubereitet. Kohlensäurehaltige Getränke und auch Bier verstärken das Nachbrennen von scharf gewürzten Speisen. Ebenso verhält es sich mit eiskaltem Wasser. Kaffee oder Tee wird tagsüber zu jeder Gelegenheit getrunken. Für die Zubereitung der indischen Tees empfiehlt es sich, einen kräftigen, stark fermentierten Tee zu nehmen, damit er in Verbindung mit Milch eine schöne braune Farbe bekommt.

Teepflückerin in den Nigiri-Hills, Tamil Nadu

CHAI
TEE

Gewürzter Tee ist in Indien ein äußerst beliebtes Getränk. Es gibt im Lande dafür spezielle Gewürzmischungen – so wie man sie in manchen europäischen Ländern für Weihnachtstee kennt. Sie sind als *Chai Masala* im Handel erhältlich. Es genügt jedoch bereits ein Gewürz, um aus einem gewöhnlichen Tee ein besonderes Getränk zu machen.

Die nachfolgenden Rezepte geben die Zutaten jeweils für 4 Tassen an. Die Zubereitung ist für alle gleich, siehe Rezept »Tee mit Zimt«.

Vorhergehende Doppelseite:
Teeplantage in den Kardamombergen, Kerala

ELAICHI CHAI
TEE MIT KARDAMOM

3/4 l   Wasser
5 TL   Assam Tee
1/2 TL Kardamompulver
1/4 l   frische Milch

ADRAK CHAI
TEE MIT INGWER

3/4 l   Wasser
5 TL   Assam Tee
1 TL   frischer Ingwer, geputzt und gerieben
1/4 l   frische Milch

DALCHINI CHAI
TEE MIT ZIMT

3/4 l   Wasser
5 TL   Assam Tee
1/2 TL Zimtpulver
1/4 l   frische Milch

Zubereitung

1 Wasser in einem Topf zum Kochen bringen. Vom Herd nehmen. Tee und Gewürz dazugeben, umrühren und zugedeckt 2–3 Minuten ziehen lassen.

2 Danach die Milch zugießen und den Tee nochmals auf dem Herd aufwallen lassen. Durch ein Sieb in eine Teekanne gießen und gleich servieren. Süßen nach Belieben.

KAFI
INDISCHER KAFFEE

Im Süden Indiens erstrecken sich große Kaffeeanbaugebiete. Aus der Region um Coorg kommt ein sehr milder und aromatischer Kaffee. Leider wird der Bohnenkaffee auch in Indien immer mehr durch den »bequemen« Pulverkaffee verdrängt.

Zutaten für 4 Tassen
- 1/2 l   Milch
- 1/2 l   Wasser
- 6 TL   Kaffeepulver, fein gemahlen
- 4 TL   Zucker
- 1/4 TL   Muskatnuß, frisch gerieben
- 1/4 TL   Kardamompulver
- 1 Msp   Safranpulver

Zubereitung
1 Die Milch und das Wasser in einem Topf zum Kochen bringen.
2 Kaffeepulver zugeben und nochmals aufkochen. Zucker und die Gewürze zufügen und sanft 5 Minuten köcheln lassen.
3 Abseihen und heiß servieren.

»Teestube« am Straßenrand, Rajasthan

MASALA DOODH
MILCH MIT KARDAMOM UND MANDELN

Meine Mutter bereitete uns Kindern immer im Oktober zum Kojagiri Pornima-Fest diese gewürzte Milch zu.

Zutaten für 4 Tassen
- 1 l   frische Milch
- 1/8 TL Safranpulver
- 1/4 TL Kardamompulver
- 1/4 TL Muskatnuß, frisch gerieben
- 4 TL feiner Zucker
- 2 EL Pistazien, fein gehackt
- 2 EL Mandeln, geschält, in Stifte geschnitten

Zubereitung
1 Die Milch in einen Topf zum Kochen bringen. Vom Herd nehmen, Safran, Kardamom, Muskatpulver und Zucker einrühren und 1–2 Minuten stehen lassen.
2 Auf 4 Tassen verteilen, mit Pistazien und Mandeln garnieren, heiß servieren

THANDAI
KALTE GETRÄNKE

Ein beliebtes Getränk in Indien ist Sharbat Gulab. Es wird aus Wasser, Zucker, Rosenessenz und Tulsi-Samen bereitet. Tulsi-Samen stammen von *Ocimum sanctum*, einer Basilikumart. Trocken sehen sie wie Mohnsamen aus; in Wasser eingeweicht bekommen sie einen schlüpfrigen durchsichtigen Überzug. Man schreibt ihnen die Fähigkeit zu, den Körper abzukühlen.

PANHE
MANGO-GETRÄNK

Dieses Getränk wird aus unreifen Mangos zubereitet. Es hat einen so interessanten Geschmack, daß wir es unbedingt vorstellen wollen. Unreife Mangos bekommt man (manchmal) in indischen Geschäften.

Zutaten für 4 Gläser
4 grüne Mangos (kleine unreife Mangos)
1/8 TL Safranpulver
1 l Eiswasser, 4 EL feiner Zucker
1/4 TL Kardamompulver

Zubereitung
1 Die Mangos ca. 20 Minuten kochen, bis das Fruchtfleisch unter der Schale weich ist.
2 In kaltem Wasser abschrecken, die Mangos aufschneiden und mit einem Löffel das Fruchtfleisch aus der Schale heben und pürieren.
3 Safranpulver in eine kleine Tasse mit einem Eßlöffel warmen Wasser geben und 10 Minuten einweichen.
4 In einem Krug das Mangopüree mit dem Wasser verrühren. Zucker, Kardamompulver und Safran – samt dem Einweichwasser – zufügen und umrühren. Mit gestoßenem Eis servieren.

NAMKEEN LASSIE
SALZIGES JOGHURT-GETRÄNK

Salziges Lassie wird in Indien sehr gern getrunken. Es ist ein ideales Getränk für tropische Breitengrade, da dem Körper wieder Salz zugeführt wird, das er durch das Schwitzen verliert. Außerdem »kühlt« Lassie auch von innen bei scharfem Essen die Kehle und den Magen.

Zutaten für 4 große Gläser
300 ml Joghurt
1/2 grüne Chilischote
1 TL Kreuzkümmelpulver, 3/4 TL Salz
3 EL frische Korianderblätter, fein gehackt
700 ml Wasser ohne Kohlensäure
Eiswürfel nach Belieben

Zubereitung
1 Joghurt mit allen Gewürzen in den Mixer geben und kurz durchmixen.
2 Wasser zugeben, alles noch etwa 1 Minute mixen, dann für eine Stunde in den Kühlschrank stellen. In hohen Gläsern mit Eiswürfeln servieren.

MITTHI LASSIE
SÜSSES JOGHURT-GETRÄNK

Das süße Lassie geht auf westlichen Einfluß zurück, bekanntermaßen lieben Engländer Süßes. In Indien dominiert eher der pikante Geschmack.

Zutaten für 4 große Gläser
300 ml Joghurt, 3,5 % Fett
1/2 TL Kardamompulver
4 EL feiner Zucker
700 ml Wasser oder stilles Mineralwasser
Eiswürfel nach Geschmack

Zubereitung wie oben stehendes Namkeen Lassie.

Boot auf dem Vembanad-See, Kerala

NIMBU SHERBET
GEWÜRZTE LIMONADE

Zutaten für 4 Longdrinkgläser
4 TL feiner Zucker
800 ml kaltes Wasser oder Mineralwasser ohne Kohlensäure
6 EL Limetten- oder Zitronensaft
2 TL Steinsalz, Seite 13
20 frische Minzeblätter
Eiswürfel oder Crushed Ice nach Geschmack

Zum Garnieren
Limetten- oder Zitronenachtel

Zubereitung
1 Zucker mit Wasser oder Mineralwasser gut verrühren, bis sich alle Kristalle aufgelöst haben.

2 Zitrussaft, Steinsalz und Minzeblätter zugeben, gut verrühren und auf Gläser verteilen; mit Eiswürfeln oder zerstoßenem Eis auffüllen.

3 Die Limettenscheiben einschneiden, jeweils an den Glasrand stecken und servieren.

MANGO SHAKE
MANGO-MILCH

Püriertes Mangofruchtfleisch ist in Dosen als Mangopulpe erhältlich. Das spart viel Arbeit und außerdem ist eine Dose als Vorrat immer verfügbar. Bleibt etwas übrig, gibt es weitere Möglichkeiten: Püree pur zu Eis und vermischt mit Sahne und Gelatine als Tortenfüllung.

Zutaten für 4 Portionen
200 g   Mangofruchtfleisch
500 ml frische Milch
2 EL feiner Zucker
Eiswürfel nach Geschmack

Zubereitung
1 Die Zutaten im Mixaufsatz der Küchenmaschine ca. eine Minute mixen.

2 Für eine Stunde in den Kühlschrank stellen.

3 In hohen Gläsern mit Eiswürfeln servieren.

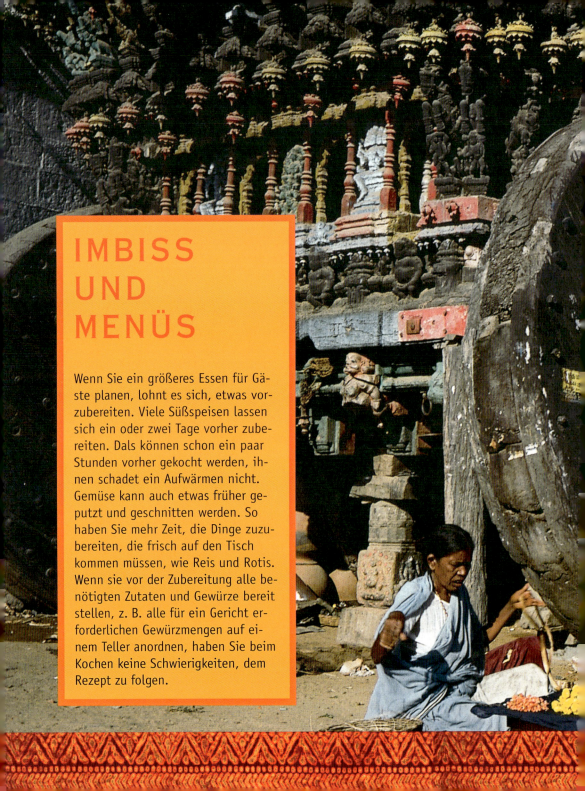

IMBISS UND MENÜS

Wenn Sie ein größeres Essen für Gäste planen, lohnt es sich, etwas vorzubereiten. Viele Süßspeisen lassen sich ein oder zwei Tage vorher zubereiten. Dals können schon ein paar Stunden vorher gekocht werden, ihnen schadet ein Aufwärmen nicht. Gemüse kann auch etwas früher geputzt und geschnitten werden. So haben Sie mehr Zeit, die Dinge zuzubereiten, die frisch auf den Tisch kommen müssen, wie Reis und Rotis. Wenn sie vor der Zubereitung alle benötigten Zutaten und Gewürze bereit stellen, z. B. alle für ein Gericht erforderlichen Gewürzmengen auf einem Teller anordnen, haben Sie beim Kochen keine Schwierigkeiten, dem Rezept zu folgen.

IMBISS UND SNACKS

Dadar Market, Mumbai (ehemals Bombay)

Erbsen-Patties – Mattar Kachori   31
Cashew-Koriander-Chutney –
   Kajoo Dhaniya Chatni   93
Joghurt – Dahi

Kartoffelbällchen – Batata Vada   30
Kokosnuß-Chutney – Nariyal Chatni   92
Salziges Joghurt-Getränk – Namkeen Lassie   112

Kartoffel-Auberginen-Gemüse –
   Aloo Baigan Ki Sabzi   44
Einfacher Reis – Sada Chawal   80
Joghurtsoße – Khadi   89
Papads   18

Erbsen mit Tandoori Masala –
   Tandoori Masala Mattar   52
Fritiertes Brot – Purees   72
Tomaten-Erdnuß-Salat –
   Tamatar Ki Cachumbar   40
Quarkspeise – Shrikhand   98

Kartoffelpuffer – Batatyache Thalipith   32
Gurkensalat – Kheara Ka Raita   41
Salziges Joghurt-Getränk – Namkeen Lassie   112

Grieß mit Erbsen – Upama   37
Joghurt mit Gemüse – Vegetable Raita   39
Mango-Milch – Mango Shake   113

Reis mit Gewürzen – Masala Pulao   87
Minzesalat mit Joghurt – Pudina Ka Raita   38
Gewürzte Limonade – Nimbu Sherbet   113

Gemüseküchlein – Vegetable Tikka   33
Tomaten-Erdnuß-Salat
   Tamatar Ki Cachumbar   40
Kokusnuß-Chutney – Nariyal Chatni   92

MENÜVORSCHLÄGE

MENÜ 1
Weißkohl mit Kartoffeln und Erbsen –
    Bund Gobhi Aloo Mattar   57
Reis mit 7 Gewürzen – Masala Pulao   87
Linsensoße – Gujarati Toor Dal   63
Karottensalat mit Erdnüssen –
    Gajar Moongfalli Raita   40
Fritiertes Brot – Purees   72
Limetten-Pickles – Nimbu Ka Aachar   95
Obstsalat mit Cashewnüssen –
    Kajoo Aam Salad   102
Karanjis – Süße Halbmonde   106
Tee – Chai   110   oder   Kaffee – Kafi   111

MENÜ 2
Kürbissuppe – Kaddu Soup   28
Baby-Okras – Bhindi Ki Sabzi   53
Mungbohnen-Curry, gelb – Moong Ki Dal   67
Bunter Reis – Sabzi Pulao   83
Fladenbrot, gewürzt – Masala Purees   73
Tomaten-Erdnuß-Salat –
    Tamatar Ki Cachumbar   40
Pickles, fertig gekauft
Eis mit Kardamom und Muskat – Kulfi   102

MENÜ 3
Dill- und Zucchini-Fritters – Soova Ka Pakoras   34
Kokosnuß-Chutney – Nariyal Chatni   92
Blumenkohlgemüse – Phool Gobi Ki Sabzi   51
Rote Kidneybohnen-Curry – Rajma   61
Zitronen-Safran-Reis – Nimbu Chawal   85
Gebratenes Brot – Roti/Chapati   71
Joghurt mit Gemüse – Vegetable Raita   39
Süßes Joghurt-Getränk – Mitthi Lassie   112
Indische Nudeln mit Milch –
    Shevai Ka Kheer   98

MENÜ 4
Kartoffelbällchen – Batata Vada   30
Dattel-Koriander-Chutney – Khajoor Ki Chatni   92
Spitzpaprika, gefüllt – Bharva Mirchi   55
Kichererbsen mit Zucchini –
    Chana Dal Zucchini   60
Gebratenes Brot mit Ghee – Paratha   74
Navratan Reis – Navratan Pulao   86
Bananen-Kokosnuß-Salat –
    Kela Nariyal Ka Raita   39
Papads 18 und Pickles   84, 85

MENÜ 5
Karottensuppe – Gajar Soup   26
Straucherbsen-Mus – Varaan   66
Auberginen, paniert – Vangyache Kaap   48
Orangenreis – Narangi Chawal   88
Gebratenes Brot – Roti/Chapati   71
Minzesalat mit Joghurt – Pudina Ka Raita   38
Quarkspeise – Shrikhand   98

MENÜ 6
Ausgebackene Spinat-Kartoffel-Küchlein –
    Palak Aloo Pakora   32
Koriander-Tomaten-Chutney –
    Dhanitya Tamatar Chatni   92
Auberginengemüse in Kokosmilch –
    Vangyachi Bhaji   46
Gewürzreis mit Nüssen – Masala Bhat   84
Karotten-Pickles – Gajar Ka Aachar   94
Papads, fertig gekauft
Süßes Grießdessert – Sheera   100

MENÜ 7
Paprikasuppe – Simla Mirch Soup   29
Erbsen mit Cashewnüssen –
    Kajoo Mattar Sabzi   53
Mandelreis, süß – Badam Jardaloo Pulao   88
Limetten-Pickles   95
Fladenbrot, gefüllt – Moolee Paratha   77
Gefüllte Bananen – Bharli Keli   101

REZEPTEVERZEICHNIS

Mädchen bei Almora, Bundesland Uttar Pradesch

GRUNDREZEPTE
Black Masala aus Maharashtra –
   Gewürzmischung aus Westindien   22
Garam Masala I – Gewürzmischung   22
Garam Masala II – Gewürzmischung   22
Ghee – eingekochte, geklärte Butter   23
Paneer – Indischer Käse   23

KLEINE GERICHTE, SUPPEN, SNACKS UND SALATE
Batata Vada – Kartoffelbällchen   30
Batatyache Thalipith –
   Kartoffelpuffer/Kartoffelrösti   32
Chivda – Knabberei, würzig   36
Gajar Moongfalli Raita –
   Karottensalat mit Erdnüssen   40
Gajar Soup – Karottensuppe   26
Kaddu Soup – Kürbissuppe   28
Kela Ka Raita – Bananensalat   41
Kela Nariyal Ka Raita –
   Bananen-Kokosnuß-Salat   39
Kheera Ka Raita – Gurkensalat   41
Masaledar Nuts – Nussmischung, pikant   35
Mattar Kachori – Erbsen-Patties   31
Mattar Pohas – Reisflocken mit Erbsen   33
Palak Aloo Pakora –
   Spinat-Kartoffel-Küchlein, ausgebacken   32
Palak Ka Raita – Spinatsalat mit Joghurt   38
Pudina Ka Raita – Minzesalat mit Joghurt   38
Sagowadas – Sagobällchen   37
Shev – Kichererbsennester   35
Simla Mirch Soup – Paprikasuppe   29
Soova Ka Pakoras –
   Dill- und Zucchini-Fritters   34
Tamatar Ki Cachumbar –
   Tomaten-Erdnuß-Salat   40
Tamatar Soup – Tomatensuppe   27
Upama – Grieß mit Erbsen   37
Vegetable Raita – Joghurt mit Gemüse   39
Vegetable Tikka – Gemüseküchlein   33

VOM FELD UND AUS DEM GARTEN

Aloo Baigan Ki Sabzi –
   Kartoffel-Auberginen-Gemüse   44
Aloo Masala – Kartoffelgemüse   57
Aloo Mungphali Bhaji –
   Kartoffelgemüse mit Erdnüssen   56
Aloo Phaliyan –
   Kartoffel-Bohnen-Gemüse   54
Bharli Vangi – Auberginen, gefüllt   47
Bhartha – Auberginengemüse   45
Bharva Mirchi – Spitzpaprika, gefüllt   55
Bhindi Ki Sabzi – Baby-Okras   53
Broccoli Ki Sabzi –
   Broccoli mit Frühlingszwiebeln   52
Bund Gobhi Aloo Mattar –
   Weißkohl mit Kartoffeln und Erbsen   57
Kajoo Mattar Sabzi –
   Erbsen mit Cashewnüssen   53
Palak Aloo Mattar –
   Spinat mit Kartoffeln und Erbsen   49
Palak Paneer – Spinat mit indischem Käse   48
Palak Poorda – Spinat-Pfannkuchen   49
Phool Gobi Ki Sabzi – Blumenkohlgemüse   51
Tandoori Masala Mattar –
   Erbsen mit Tandoori Masala   52

Vangyachi Bhaji –
   Auberginengemüse in Kokosmilch   46
Vangyache Kaap –
   Auberginen, mit Kichererbsenmehl paniert   48

HÜLSENFRÜCHTE

Chana Dal Zucchini –
   Kichererbsen mit Zucchini   60
Gujarati Toor Dal – Linsensoße   63
Moong Ki Dal – Mungbohnen-Curry, gelb   67
Rajma – Kidneybohnen-Curry, rot   61
Vaal Ni Dal Dakhoo – Helmbohnen-Soße   62
Varaan – Straucherbsen-Mus   66

DAS TÄGLICHE BROT

Gharge – Kürbis-Purees   74
Mackki Paratha – Fladenbrot mit Maisfüllung   76
Masala Purees – Fladenbrot, gewürzt   73
Moolee Paratha –
   Fladenbrot mit Rettichfüllung   77
Paratha – Brot, gebraten, mit Ghee   74
Purees – Brot, fritiert   72
Roti/Chapati – Brot, ohne Fett gebraten   71

REIS

Badam Jardaloo Pulao –
  Mandelreis mit Rosinen und Aprikosen   88
Kesar Chawal – Safranreis   81
Khadi – Joghurtsoße zu Reisgerichten   89
Mackki Chawal – Reis mit Mais   81
Masala Bhat – Gewürzreis mit Nüssen   84
Masala Pulao – Reis mit sieben Gewürzen   87
Mattar Kobi Bhat –
  Reis mit Erbsen und Weißkraut   87
Narangi Chawal – Orangenreis   88
Navratan Pulao – Navratan-Reis   86
Nimbu Chawal – Zitronen-Safranreis   85
Sabzi Pulao –
  Reis mit Karotten, Erbsen und Kartoffeln   83
Sada Chawal – Reis, gewürzt   80

CHUTNEYS UND PICKLES

Chutneys, Zubereitung   92
Dhanitya Tamatar Chatni –
  Koriander- Tomaten-Chutney   92
Gajar Ka Aachar – Karotten-Pickles   94
Gajar Ki Chatni – Karotten-Chutney   93
Kajoo Dhaniya Chatni –
  Cashew-Koriander-Chutney   93
Khajoo Ki Chatni –
  Dattel-Karotten-Koriander-Chutney   92
Nariyal Chatni – Kokosnuß-Chutney   92
Nimbu Ka Aachar – Limetten-Pickles   95
Seb Ki Chatni – Apfel-Chutney   92

DESSERTS UND KONFEKT

Badam Burfi – Mandel-Konfekt   105
Badam Khas Khas Burfi –
  Mandel-Mohn-Konfekt   107
Badam Kopra Pak –
  Kokosnuß- und Mandel-Konfekt   107
Besan Laddu –
  Bällchen aus Kichererbsenmehl   104
Bharli Keli – Bananen, gefüllt   101
Gajar Ka Halva – Karottendessert   100
Kajoo Aam Salad –
  Obstsalat mit Cashewnüssen   102
Karanjis – Halbmonde, süß gefüllt   106
Kulfi – Eis mit Kardamom und Muskat   102
Mango Kulfi – Mango-Eis   103
Nariyal Burfi – Kokosnuß-Konfekt   105
Sheera – Grießdessert, süß   100
Shevai Ka Kheer – Nudeln mit Milch   98
Shrikhand – Quarkspeise   98
Sukadi – Konfekt aus Mehl   104

TEE UND KALTE GETRÄNKE

Adrak Chai – Tee mit Ingwer   110
Chai – Tee   110
Dalchini Chai – Tee mit Zimt   110
Elaichi Chai – Tee mit Kardamom
Kafi – Kaffee, indische Art   111
Mango Shake – Mango-Milch   113
Masala Doodh –
  Milch mit Kardamom und Mandeln   111
Mitthi Lassie – Joghurt-Getränk, süß   112
Namkeen Lassie – Joghurt-Getränk, salzig   112
Nimbu Sherbet – Limonade, gewürzt   113
Panhe – Mango-Getränk   112

Bantan-Baum in der Nähe von Bangalore

BEZUGSQUELLEN

VERSANDHÄUSER UND GESCHÄFTE FÜR INDISCHE GEWÜRZE UND LEBENSMITTEL:

DEUTSCHLAND

Sathi · Platanenweg 7
85609 Aschheim bei München
Tel. + Fax: (0 89) 9 03 04 55
info@sathi.de
www.sathi.de

Chauhdry Food Traders
Saatwinklerdamm 9
13627 Berlin
Tel.: (0 30) 2 17 23 47
Fax: (0 30) 23 63 92 89
info@cft-berlin.de
www.cft-berlin.de

KaDeWe – Kaufhaus des Westens
Tauentzienstraße 21–24
10772 Berlin
Tel.: (0 30) 2 12 10
Fax: (0 30) 21 21 26 10

Govinda Natur GmbH
Feckweilerhaide 2 · 55765 Birkenfeld
Tel.: (0 67 82) 10 96 70
Fax: (0 67 82) 98 90 02
info@govindanatur.de
www.govinda-versand.de

Namaste India
Sindelfinger Str. 3
70132 Böblingen
Tel.: (0 70 31) 7 21 28 21
namaste-india@gmx.de

Lebensbaum – Ulrich Walter GmbH
Dr.-Jürgen-Ulderup-Straße 12 · 49356 Diepholz
Tel.: (0 54 41) 9 85 60
Fax: (0 54 41) 9 85 61 01
info@lebensbaum.de
www.lebensbaum.de

Indu-Versand
Turmstraße 7 · 35085 Ebsdorfergrund
Tel.: (0 64 24) 39 88 · Fax: (0 64 24) 49 40
versand@indu-versand.de
www.indu-versand.de

Gewürzhaus Alsbach
Gewürz-Import und Mühle
An der Staufermauer 11 · 60311 Frankfurt/Main
Tel.: (0 69) 28 33 12 · Fax: (0 69) 29 61 41
service@alsbachgewuerze.de
www.alsbachgewuerze.de

Gewürz- und Teehaus
Schnorr & Co. GmbH
Neue Kräme 28 · 60311 Frankfurt/Main
Tel.: (0 69) 28 47 17
Fax: (0 69) 28 34 08
teehaus.schnorr@teeshop.de
www.teeshop.de

Ewert · Tee & Gewürze
Weender Straße 84
7073 Göttingen
Tel.: (05 51) 5 70 20
Fax: (05 51) 5 60 91

Damian-Team
Eine Welt Versand GmbH
Hauptstraße 42 · 82284 Grafrath
Tel.: (0 81 44) 9 28 30
Fax: (0 81 44) 92 83 11
info@damian-team-versand.de
www.damian-team-versand.de

1001 Gewürze GmbH
Geierstraße 1 · 22305 Hamburg
info@1001gewuerze.de
www.1001gewuerze.de

Gewürze & Kochen
Christa Buschmann
Kampstraße 19 · 58095 Hagen
Tel.: (0 23 31) 2 60 10
Fax: (0 23 31) 73 55 26

Vinay Vermani
Indische Gewürze und Spezialitäten
Höltystr. 1 · 30171 Hannover
Tel.: (0511) 3631711
Fax: (0511) 3631714
vermani@t-online.de

Hamburger Gewürz-Basar Modrow e. K.
Carl-Petersen-Straße 9 · 20535 Hamburg
Tel. + Fax: (0 40) 7 32 29 90
mail@hamburger-gewuerz-basar.de
www.hamburger-gewuerz-basar.de

VIOLAS' Gewürze und Delikatessen
Eppendorfer Baum 43 · 20249 Hamburg
Tel.: (0 40) 46 07 26 76
Fax: (0 40) 46 88 12 78
info@violas.de

Weltladen der Indienhilfe e.V.
Luitpoldstr. 20 · 82211 Herrsching
Tel.: (08152) 1231
Fax: (08152) 48278
info@indienhilfe-herrsching.de
www.indienhilfe-herrsching.de

SHALIMAR
Raja Khan
Indische Gewürze
Kaiserstraße 53 · 76131 Karlsruhe
Tel.: (07 21) 35 96 27

Orient Shop
Asiatischer SB-Markt
Rosenheimer Straße 34 · 81669 München
Tel.: (0 89) 4 48 52 51
Fax: (0 89) 4 47 04 71
info@orientshop.net

Kräuterparadies Lindig
Blumenstraße 15 · 80331 München
Tel.: (0 89) 26 57 26
Fax: (0 89) 23 26 98 57
lindig@phytofit.de
www.phytofit.de

Van Hoi GmbH
Asia Feinkost
Hohenzollernstr. 128 · 80796 München
Tel.: (0 89) 30 76 80 05
Fax: (0 89) 30 76 80 06
vanhoi@t-online.de

Gewürzmühle Engels
Büchel 8 · 41460 Neuss
Tel.: (0 21 31) 27 56 22
Hymgasse 21
Tel.: (0 21 31) 22 21 37 · Fax: (0 21 31) 2 14 11
gewuerzmuehle1919@t-online.de
www.gewuerzmuehle-engels.de

Kräuterhaus Wurzelsepp
Hauptmarkt 1 · 90403 Nürnberg
Tel.: (09 11) 22 66 12 · Fax: (09 11) 2 14 80 80
info@wurzelsepp-nuernberg.de
www.wurzelsepp-nuernberg.de

Blauetikett-Bornträger GmbH
Arznei- und Gewürzkräuter
Wormser Straße 1 · 67591 Offstein
Tel.: (0 62 43)90 53 26 · Fax: (0 62 43) 90 53 28
info@blauetikett.de
www.blauetikett.de

Gewürz-Mayer
Dorotheenstraße 4/Markthalle · 70173 Stuttgart
Tel.: (07 11) 24 54 30
Versandhandel:
Seestraße 14 · 74232 Abstatt
Tel.: (0 70 62) 97 37 00
Fax: (0 70 62) 97 37 09
w.mayer@gewuerz-mayer.de
www.gewuerz-mayer.de

Indian Store
Import-Export
Augustenstraße 63/1 · 70178 Stuttgart
Tel.: (07 11)61 71 14 · Fax: (0711) 61 71 24
indianstoregermany@yahoo.com

Karl Müller & Co.
Gewürze
Mühlgasse 9 · 65183 Wiesbaden
Tel.: (06 11) 30 07 13
Fax: (06 11) 1 35 65 26
info@gewuerz-mueller.de
www.gewuerz-mueller.de

Yogishop.com GmbH
Wendelins 1 c
87487 Wiggensbach
Tel.: (0 83 70) 92 17 30
Fax: (0 83 70) 92 17 322
post@yogishop.co
www.yogishop.com

SCHWEIZ

Govinda Veda-Kultur GmbH
Dorfgasse 43 · 4900 Langenthal
Tel.: +41 (0) 62 92 20 548
info@govinda-shop.ch
www.govinda-shop.ch

Schwarzenbach
Kolonialwaren – Kaffeerösterei
Münstergasse 19
8001 Zürich
Tel.: +41 (0) 44 261 13 15
Fax: +41 (0) 44 261 13 16
info@schwarzenbach.ch
www.schwarzenbach.ch

WEITERE BEZUGSQUELLEN
IN IHRER NÄHE NENNT AUF ANFRAGE:

Global Foods Trading GmbH
Am Winkelgraben 1a
64584 Biebesheim
Tel.: (0 62 58) 9 89 80
Fax: (0 62 58) 98 98 99
info@gftonline.de
www.gftonline.de

Die hier genannten Adressen sind nur eine
Auswahl, ohne Anspruch auf Vollständigkeit.

STICHWÖRTER

Margao – Markt in Goa

Ajowan 8, 32
Asafoetida 8, 60
Asant 8, 60
Atta 16, 70 ff.
Auberginen 44 ff.

Basilikum (Art) 112
Basmatireis 16, 79, 80 ff., 87
Besan 16, 17
Biryani 80
Black Masala 9, 22
Blockzucker 16
Blumenkohl 51
Bockshornklee 8, 10, 49, 57
Bockshornkleesamen 57
Bombay 9, 48, 72
Brahmanen 98
Broccoli 52
Brotreste 70
Butter, geklärt 16, 23, 74
Butterschmalz 16, 23, 74

Cashewäpfel(Frucht) 93, 103
Cashewnuß 37, 53, 84, 87
Ceylon-Kardamom 10
Ceylonzimt 9, 11
Chai Masala 110
Chapati 70, 71, 74
Chapati-Mehl 16
Chawal 80
Chili s. Chilischoten
Chilischoten 9, 73, 93
Chutneys 91
Chutney-Zubereitung 92
Cilantro 11
Coorg 111
Cumin 11
Curry (Kari) 8, 11
Curryblätter 9, 11

Dal 59, 65
Dalchini 9
Dattel, indische 13

Diwali 36, 104
Dudhi (Flaschenkürbis) 34

Eiszubereitung 102
Erdnuß 40
Fastentage 56
Fenugreek 8

Ganesha 2
Garam Masala 9, 10, 11, 13, 20, 22, 52
Gelbwurz 11, 83
Gewürze 8
Ghee 15, 16, 20, 23, 74
Goa 53, 100
Goda Masala 9, 10, 11
Goor 18, 104
Gujarat 62
Gujarati Thali 72

Haltbarkeit von Gewürz-
   mischungen 22

Hara Dhania 11
Hari Mirch 9
Hülsenfrüchte 59, 65

Ingwer(wurzel) 10, 11
Jaggery 16, 104
Joghurt 17, 80, 89, 112

Kaffee 109, 111
Kafi 109, 111
Kaneel 9, 11
Kardamom 10
Kardamomberge 105
Karhai (Indischer Fritiertopf) 31, 70
Käse, indischer 17, 23
Kassave/Yucca 19
Kassia 9
Khas Khas 12
Kichererbsen 66
Kichererbsenmehl 16, 17
Knoblauch 10, 11
Kojagiri-Pornima-Fest 111
Kokosmilch herstellen 18
Kokosnuß 17
Kokosnuß öffnen 17
Kokosnußfleisch auslösen 17
Kokoswasser 17
Kolonialzeit 26, 112
Konfekt 105
Koriander 10, 11
Koriander, frisch 11, 63
Koriander, Spaltfrüchte 11
Kreuzkümmel 10, 11
Kreuzkümmel, schwarz 11
Krishna 98
Kurkuma 11, 83
Kurkuma(wurzel) 10 ff.

Lal Mirch 9
Lassie 112
Limette 95
Limone 95
Lorbeerblätter 10, 11

Maharashtra 48, 100
Mango »Alphonso« 102
Mangopulpe/püree 98, 103, 113
Mangopulver 13
Masala 8 ff., 13, 20, 22, 42
Mehl(typ) 16, 70 ff.
Minze 11
Mohnsamen 12, 107
Molukken 12
Mumbai (ehemals Bombay) 9, 48, 72
Muskatblüte/Macis 12
Muskatnuß 10, 12

Nariyal 17
Navratan 86
Nelken (Gewürznelken) 12
Nordindien 9, 49
Nudeln, feine 19

Okraschoten 53

Palmzucker 16, 18
Pandschab (Punjab) 13, 61, 70
Paneer (auch Panir) 17, 23, 48
Papads 16, 18, 66, 80, 85
Paratha 70, 74
Pfeffer(körner), schwarz 12
Pfeffer(körner), weiß 12
Pickles 16, 80, 91
Poori-Teig 31
Pulao 80
Puree Bhaji 57
Purees 57, 69, 70, 72, 73

Raita 26, 38
Reisflocken 16, 19, 33
Reisrest 80
Rohrzucker 16
Roti 70, 71

Safran 12, 81
Sago 16, 19, 37
Saubohne(Puffbohne) 54
Schwarzkümmel 13
Senf(samen) 10, 13
Sesam(samen) 13
Shah Jeera 11
Sharbat Gulab 112
Shev-Presse 35
Sonth 10
Steinsalz 13
Sternanis 10, 13

Tamarinde 10, 13
Tamarindenpaste 13, 47
Tandoori Masala 10, 13, 52
Tandoori-Ofen 13, 70
Tapioka 19
Tee (Zubereitung) 109, 110
Teufelsdreck 8
Tiefkühl-Blätterteig 31, 106
Tikkas 33

Vaaran Bhat 66
Vermicelli 16, 19
Vishnu 98

Weizengrieß 16, 19

Zimt, chinesischer 9
Zimt, indischer 9, 10
Zuckerrohr 16

Bild Seite 126:
Musikanten auf der Festung in Jodhpur

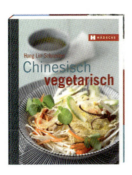 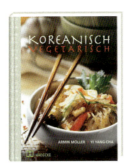 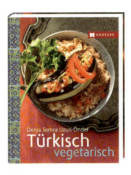

CHINESISCH VEGETARISCH
von Hong Lin-Schneider.
Genüsse aus dem Reich der Mitte –
frische chinesische Gemüseküche
aus Wok und Topf.
112 Seiten, 75 Farbfotos,
ISBN 978-3-7750-0534-0

KOREANISCH VEGETARISCH
von Yi Yang Cha und A. E. Möller.
Authentische Familienrezepte für
eine bekömmliche, frische Küche.
125 Seiten, 78 Farbfotos,
ISBN 978-3-7750-0457-2

TÜRKISCH VEGETARISCH
von Semra Derya Uzun-Önder.
Vegetarisches aus der aromenreichen
türkischen Küche – abwechslungs-
reich und mit orientalischem Flair.
111 Seiten, 71 Farbfotos,
ISBN 978-3-7750-0534-0

CHINA MODERN
Die neue chinesische Küche
von Ching-He Huang.
Leichter Genuss mit neuen Rezepten,
asiatisch und europäisch inspiriert,
die sich problemlos zu Hause nach-
kochen lassen.
160 Seiten, 100 Farbfotos,
ISBN 978-3-7750-0508-1

**VON WASSERLILIEN UND
KHMER-CURRYS**
hrsg. von der Hilfsorganisation
Friends-International.
Kambodschanische kreative Küche,
authentische Rezepte aus der
Khmer-Küche.
168 Seiten, 244 Farbfotos,
ISBN 978-3-7750-0543-2

**INDISCHE
GEWÜRZKÜCHE**
von Jeeti Gandhi.
Die neue leichte Art: Über 80
raffinierte Rezepte von pikant
bis süß.
127 Seiten, 137 Farbfotos,
ISBN 978-3-7750-0414-5

Hädecke Verlag
D–71256 Weil der Stadt

Fax   +49 (0) 70 33/1 38 08 13
Mail   info@haedecke-verlag.de

ÖLE – NATÜRLICH KALTGEPRESST
von Marcus Hartmann.
Basiswissen, Warenkunde und Rezepte zu den wichtigsten kaltgepressten Ölen: von A wie Arganöl bis W wie Weizenkeimöl. 96 Seiten mit 42 Farbfotos, ISBN 978-3-7750-0535-7

KÜCHEN DER MEDINA
von Fiona Dunlop.
Familienrezepte aus Nordafrika: Küchengeheimnisse, Traditionelles und moderne Varianten mit scharfen Gewürzen und frischen Kräutern.
192 Seiten, 135 Farbfotos,
ISBN 978-3-7750-0520-3

UMWELTFREUNDLICH VEGETARISCH
von Bettina Goldner.
Wegweisend und klimaschonend: Genussrezepte mit CO_2-Berechnungen und leckere Zutaten für weniger Treibhausgase. 152 Seiten, 63 Farbfotos, 78 Grafiken,
ISBN 978-3-7750-0561-6

MEZE
von Rena Salaman.
Kleine Köstlichkeiten der griechischen und libanesischen Küche für Vorspeisen, Buffets und orientalisches Fingerfood.
64 Seiten, 48 Farbfotos,
ISBN 978-3-7750-0480-0

RISOTTO
von Ursula Ferrigno.
30 leckere, vegetarische Risotto-Rezepte für jeden Geschmack: echt italienisch, einfach und gut.
64 Seiten, 54 Farbfotos,
ISBN 987-3-7750-0371-1

TAJINE – WÜRZIGE EINTÖPFE AUS MAROKKO
von Ghillie Başan.
Orientalisch genießen wie in 1001 Nacht. Die schönsten Rezepte für Tajines. 64 Seiten, 49 Fotos,
ISBN 978-3-7750-0522-7

Weitere Informationen über unsere Bücher für Genießer finden Sie auf unserer Website:
www.haedecke-verlag.de